マンガで読める　マッキンゼー流
「问题解决」がわかる本

图文版

麦肯锡
问题解决方法与技巧

[日]大岛祥誉 著 朱悦玮 译

北京时代华文书局

前 言

为什么因为问题而烦恼？

在我们的身边，每天都会出现很多问题。“工作不顺利”“目标无法完成”“上司不同意自己的提案”……

无法解决这些问题会使我们感到烦恼。

你是否也有过这样的经历呢？

当遇到这种情况的时候，我们认为的问题往往不是真正的问题，引起问题的现象才是真正的问题。也就是说，**如果不能够认清什么才是真正的问题，那么就无法找出正确的解决办法。**

为了让大家都能够掌握解决“问题”的方法，我将以自己在麦肯锡学到的“解决问题”的方法为中心，再加上我在工作中自己领悟到的技巧，为大家进行简单易懂的介绍。

正如大家所知，麦肯锡是世界著名的管理咨询公司，麦肯锡出身的人，活跃于世界各地的企业之中。

那么，为什么麦肯锡出身的人，不论在哪里都能够取得成功呢？

原因之一，正是在本书的漫画之中所讲述的内容——**因为他们掌握了“解决问题”的方法。**

本书的漫画故事，发生在一个濒临破产危机的日式点心店“清古堂”。“清古堂”是当地的一家老店，我们将与对“解决问题”的技巧一无所知的岳一起，思考让店铺起死回生的办法。

本书以我之前出版的《麦肯锡工作法》（マッキンゼー流 入社 1 年目 問題解決の教科書）《麦肯锡入职培训第一课》（マッキンゼー流 入社 1 年目 ロジカルシンキングの教科書）《麦肯锡精英在笔记本上写些什么》（マッキンゼーのエリートはノートに何を書いているのか）为基础，目的在于让读者能够更加简单地理解麦肯锡解决问题的技巧，更加具体地掌握解决问题的方法。

本书的特点在于，**能够让读者一目了然地理解麦肯锡流 * 解决问题的方法，并且能够立刻应用在日常生活和工作之中。**大学生和刚入职的年轻人可以将本书内容作为走入社会时的工作基础，已经拥有一定工作经验的商界人士可以通过本书回顾一下自己的工作经历，希望本书能够给大家提供一些帮助。

衷心祝愿通过本书掌握了“解决问题”技巧的诸位，能够从明天开始向自己的目标迈出正确的一步。

大岛祥誉

* 麦肯锡流：应用麦肯锡问题解决方法的一群人。这群人可能曾经就职于麦肯锡，离职后仍延用麦肯锡的方法在其他工作上。——译者注

目 录

Prologue
哎！清古堂破产？！

STEP 1
找出“真正的问题”！

STEP2
建立“假设”！

STEP3
搜集与演讲

STEP4
实行 & 改善

Epilogue
走向世界

※ 本漫画纯属虚构

※ 在柜台提供日式点心的灵感，来源于鹤屋吉信提供的服务。但书中的内容与实际有所不同。

登场人物介绍

天野岳（27 岁）

当地土生土长的青年，毕业于本地的国立大学。喜欢甜食和“做东西”，因此来到当地的日式点心老店“清古堂”工作。如今负责商品开发。人称“小岳”。

稍显笨拙不善言辞，但为人认真而且真诚。身高 165cm，高中时加入过棒球部，没有女朋友，高中时喜欢穗希。

广濑穗希（29 岁）

岳的同乡，是比岳年长两岁的前辈。身高 172cm。高中时担任棒球部的经理，因此与岳结识。头脑聪明，考入东京的私立大学后前往海外留学。毕业后入职麦肯锡。非常擅长运动，喜欢吃甜品。

木曾巧

清古堂商品开发部的岳的前辈。头脑聪明但稍微有些顽固。

富子

清古堂的老员工。如同大家的母亲一样的人。

梶田

清古堂的工人。对自己的手艺很有自信。稍微有些强势。

清田

清古堂社长。与穗希的父亲是好朋友。

Prologue

哎！清古堂破产？！

信州某个宁静的小城
清古堂
清古堂点心工厂
无关者禁止入内
哎?!
捏
碎
清古堂
破产……?!
天野岳(27岁)

啊啊！
正在开发中的"幸福馒头"……
现在进行产品开发也已经晚啦
不管是降价促销，还是模仿其他公司的畅销产品，
做了很多尝试……但业绩却一直在下降。
木曾巧（31岁）
我们的资金、销售能力和产品开发能力都无法与那些大型企业和大城市的店铺相比，
像我们这样的乡下小店唯一的卖点就是历史悠久……但现在，这根本无法吸引顾客。

不管是公司还是我们这些社员，
都没有能够打破这个危机的能力。
破产的传言很可能是真的，你最好也赶紧去找下一份工作吧。
……
竟然说清古堂要破产……
明明是百年老店，
清古堂糯米饼
清古堂馒头
虽然点心很普通而且一直也没有新品推出，
但每一种点心的味道都很美味。

失落
失落
果然责任在于我商品开发不力吗……
重新找工作的话，我又没什么能力。
学历一般
社交能力一般
长相一般
喜欢甜食
这么矮……难道是小岳？
被称为松田高中棒球部万年替补的……
天野岳吗？

转身
穗……
穗希！
广濑穗希（29岁）

快步
上前
果然是小岳吗！
还是老样子，这么矮啊！
啪
啪
啪
听说你在本地找到工作啦？真的是好矮啊——
等……等
啪
啪
啪
啪
我没你说的那么矮吧！都是因为穗希你太高了！
变得更矮了
你怎么会在这？既不是盂兰盆节也没到正月……
微笑
我从美国回来了……

我留学毕业之后进入全世界最大的管理咨询公司就职，
积累了一定的工作经验之后，我辞职考取了MBA学位，
拿到MBA学位之后，我就决定回到日本——我的故乡。
吴服
为什么回到这个乡下地方呢？
……这几年，我因为工作关系去过好几个国家。

这些国家都很漂亮，
当我看到这些国家的景色时忽然想到，
在我生长的故乡也一样有很漂亮的东西……
于是我当时就决定，总有一天要回到故乡从事管理顾问的工作，
用我在海外学到的这些知识和技能，
微笑
我希望给企业或店铺……或者说为这个小城尽自己的一份力量，
所以我就回来了。
更是为了我热爱的这个小城……是这样说啦♡
嘿嘿
帅过头了吗？
……

握拳
那……那么
也能帮我的公司……清古堂出一份力吗？
小城最好的日式点心店正面临经营危机！
可是……
因为我们这些员工能力不足……所以无法解决遇到的问题！
请穗希用聪明的头脑……
拯救我们的公司吧。

既然是小岳的公司……当然要小岳自己来拯救了。
哎?!
抬手
指
我广濑穗希的大脑结构和其他人并没有什么不同……
我只是在世界最强的管理顾问公司……
学到了世界最高水准的“解决问题的技巧”而已。
世界最高水准的……“解决问题的技巧”?

作为那家公司代名词的“解决问题的技巧”和“逻辑思维”……
是任何人都能够掌握的能力。
就算没有特殊的人才和能力也一样能够提高业绩，
就算是不擅长学习或者笨拙的人……也一样能够拯救公司。
在请求他人帮助之前应该自己先努力一下，
只要员工能够掌握技巧并且亲身实践……

清古堂
那么清古堂一定能够成为日本第一……
不……能够成为世界第一的点心生产商！
清古堂馒头
清古堂糯米饼
!
那个时候我还没有意识到……
"奇迹"即将发生。

PROLOGUE

“解决问题”的两个级别

我们每天都要不停地解决问题。

“无论如何都想这样做”“无论如何都想那样做”，不管在工作还是生活中，我们都不可避免地可能遇到大大小小的这样的问题。

不过，也一定有很多因为无法解决遇到的问题而感到苦恼的人吧？

有的人不知道什么才是真正的问题，或者虽然采取了一些解决办法，却没有起到预想中的效果。你是不是也被这样的烦恼困扰着呢？

首先大家要明确一个概念，那就是解决问题分为两个级别。

一个是直接解决眼前发生的问题。比如胃痛，那就吃止痛药。这样做解决胃痛问题的可能性很高。这就是“对症下药”的解决问题技巧。

但这种类型的“解决问题”，虽然在当时不疼了，如果不解决根本的原因，那么胃疼的情况很可能再次出现。

如果胃疼的原因是经常暴饮暴食给胃部造成了负担，那就应该选择细嚼慢咽的饮食方法，这才是根本性的对策。这就是第二个级别的“解决真正的问题”。你用哪种级别的方法来解决眼前的问题，对你解决问题的精度具有决定性的影响。

所谓“解决真正的问题”，并不是只对眼前的问题进行对症下药。而是从根本上解决问题。如果做不到这一点，那么结果只能是不断地重复对症下药的过程，解决问题自然变得毫无意义。也就是说，如果只站在与问题同级别的立场上进行解决，是无法真正意义上解决问题的。**“解决问题”有一定的方法。**只要掌握了这种方法，就可以站在第二个级别上准确而且有效地“解决问题”。

在本书之中，我将为大家介绍自己根据在麦肯锡中学到的知识总结出来的“解决问题”的方法。

问题是由各种各样的要因组合在一起引发的。

为了从这些要因中找出什么才是真正的问题，什么才是导致问题的原因，必须对问题进行广泛且深入的思考。

因此，我们需要灵活运用在麦肯锡学到的①逻辑树和 3C 等框架，通过② MECE（相互独立，完全穷尽）分析法来进行思考，就能够找出真正的问题。本书就将为大家介绍这些方法。

那么，清古堂的真正的问题是什么呢？

难道只有破产这一条路可走了吗？

让我们一起来思考一下吧。

STEP 1

找出“真正的问题”！

本章中的知识点

○解决问题的流程	○MECE
○3C	○4P
○逻辑树	○商业系统

居酒屋.
哇啊~~~~~~
んふっ
果然还是信州的食物最美味了！♪
回来真是太好了！♪
……
说起来，濒临破产的“清古堂”……肯定存在着什么“问题”。
嗯？

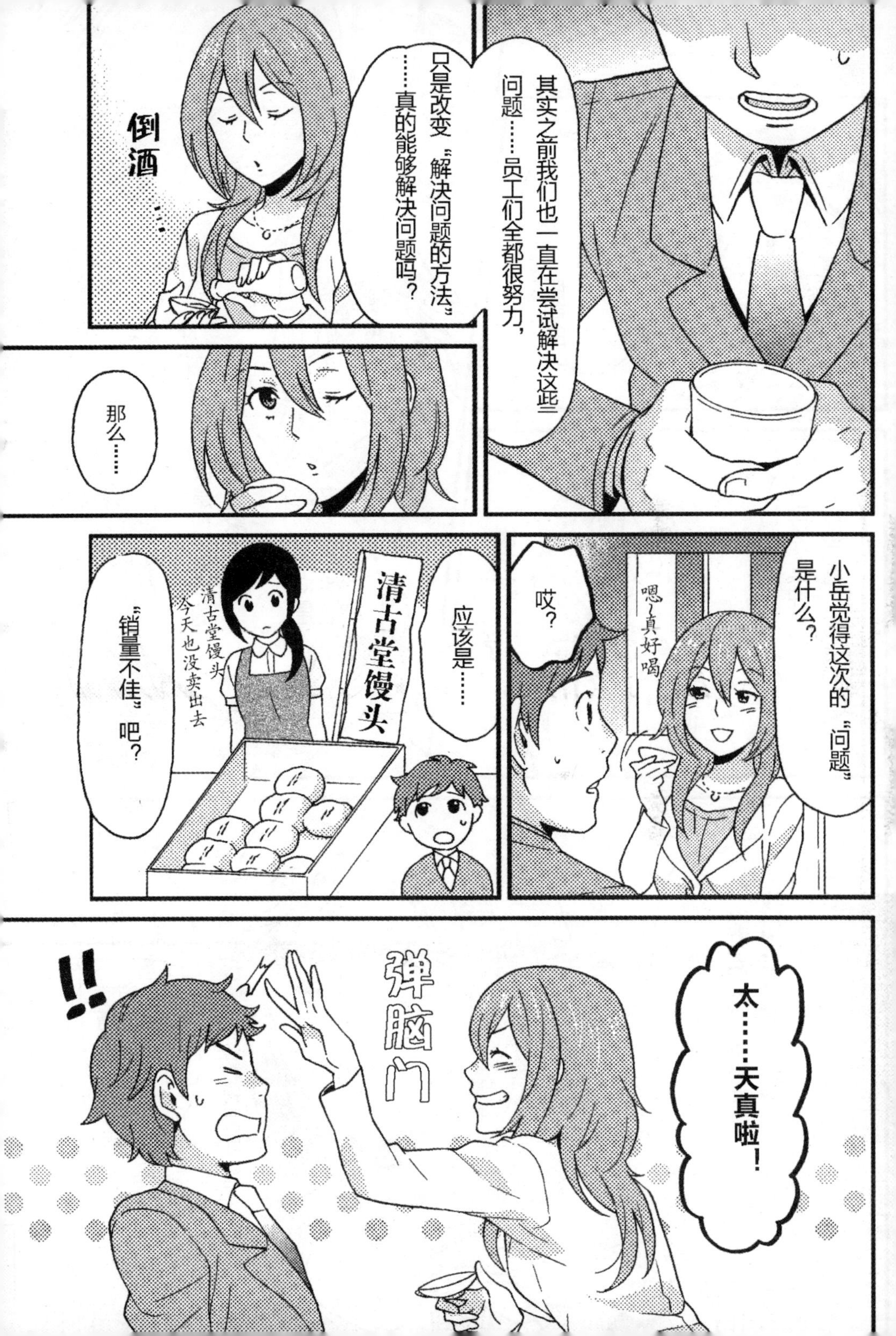

其实之前我们也一直在尝试解决这些问题……员工们全都很努力，
只是改变"解决问题的方法"
……真的能够解决问题吗？
倒酒……
那么……
小岳觉得这次的"问题"是什么？
嗯~真好喝
哎？
应该是……
清古堂馒头
清古堂馒头今天也没卖出去
"销量不佳"吧？
太……天真啦！
弹脑门
!!

这是现在发生的"现象"……
只不过是"眼前的问题"罢了！
眼……眼前的问题？
一饮而尽
可这在某种意义上也是问题……
你的"深入思考"还远远不够啊，
"解决问题"关键在于找出"真正的问题"。

“眼前的问题”
现象
只不过是“真正的问题”所引发的“现象”。
比如清古堂的“问题”如果是“销量不佳”……
那么销量不佳的原因又是什么呢？
这、这个……
清古堂
说不出来对吧？
“不能够明确问题”的话就“无法解决问题”。
现象都是有原因的！必须针对原因采取具体的解决办法……
这才是我们真正的对手……
也就是“真正的问题”！

为了提高销量或许应该降价促销……
或者干脆产业重组……
为了解决问题不管讨论多少次，
只要这个问题不是"真正的问题"，那么就无法被"真正解决"。
真正的问题
眼前的问题
销量不佳
啊
我们出去主动推销吧！
我们的注意力都放在如何提高眼前的销售额上，
要想将"卖不掉"变成"能卖掉"，
能卖掉
看起来就好像"将硬币翻过来"那么简单。
卖不掉

嘎
嘎
清古堂
馒头
明明这么努力……
不解决“真正的问题”就毫无意义。
吵吵
闹闹
咕咚
首先你应该从现在的问题之中……
找出“真正的问题”。
……

第二天
正如我所说的！
今天把大家召集起来……
就是为了这个目的！
大家一起来找出清古堂"真正的问题"！

你说“真正的问题”？
窃窃
那个女孩是什么人？
私语
听说是本地出生的孩子，在国外著名的管理顾问公司干过，
因为曾经开发出热门甜品，所以社长找她来帮忙解决公司的问题。
原来是这样……
为什么清古堂的销量一直上不去？
当然是因为商品卖不动了。
为什么卖不动呢？
是不是因为日式点心不像以前那么受欢迎了？

伸出
让我们用市场营销中经常使用的“3C”来对清古堂的问题进行一下分析吧。
顾客 Customer
公司 Company
竞争对手 Competitor
第一个C是“Customer”，
Customer
也就是“市场”。
不管是日式点心还是西式点心，一直都深受人们的喜爱，而且现在外国游客也不断增加……
我认为日式点心的“市场”是确实存在的！

接下来是竞争对手“Competitor”
Competitor
以日式点心为主要商品的其他公司……主推廉价的日式点心，业绩一直很不错！
所以“日式点心没市场”的说法是完全错误的！
那为什么我们公司……
这就是最重要的第三个C，
Company
也就是自我分析“Company”！
清古堂产品的“优势”在哪里？
这个嘛，我觉得是……

工人高超的"手艺"。
我们有几个商品获过奖，都是严选当地优质食材制作的精品，
不过最近都是生产一些简单的点心，工人们施展自己才华的机会变少了。
那么，如果能够充分地发挥这个"优势"的话……
就可以展现出我们与众不同的地方，趁着现在的甜品热潮……
推出崭新的"热门商品"！
……
！

如、
如果像你说的那么简单，我们
早就做出热门商品了！
靠近
正因为做不出来，
我们……清古堂
才会陷入这种困境啊！
虽然我不知道什么MBA
还有麦什么的……
但你这个外行就别
装模作样了。

但实际上"开发出热门商品"正是"真正的解决办法"！
只要按照"解决问题的流程"就很容易解决！
"解决问题的流程"？
解决问题是有流程的。
流程
流程
流程
流程
流程……

拿出
基本的流程就像这样！
这个！
啪嗒
①对问题进行整理和结构化，明确真正的问题
②建立假设进行分析
③验证假设
④导出解决办法
最重要的就是①，
如果找不到真正的问题，那么就无法取得成果。
①
对问题进行整理和结构化，明确真正的问题

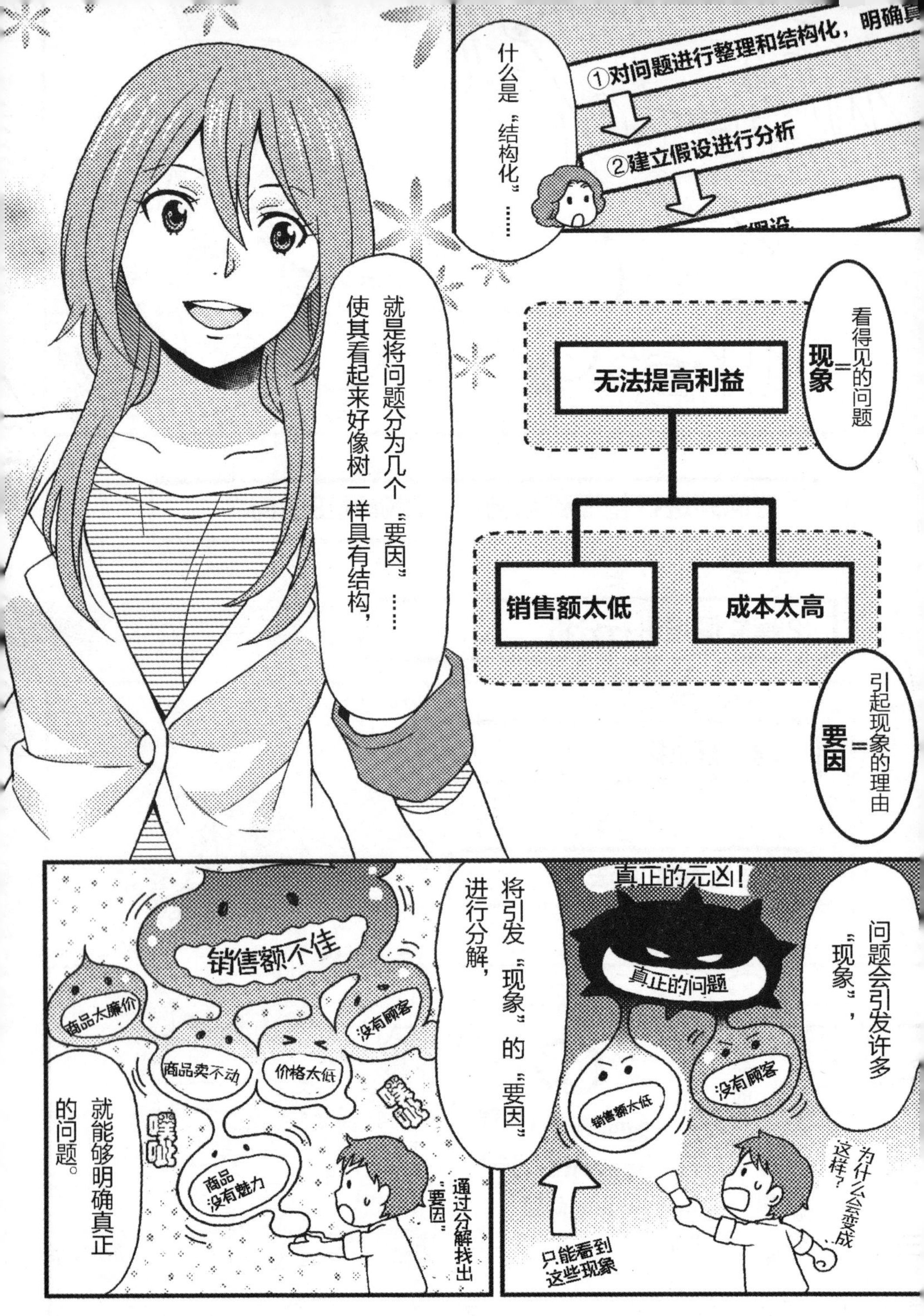
①对问题进行整理和结构化，明确真
②建立假设进行分析
什么是“结构化”……
就是将问题分为几个“要因”……使其看起来好像树一样具有结构，
现象＝看得见的问题
无法提高利益
销售额太低
成本太高
要因＝引起现象的理由
问题会引发许多“现象”，
真正的元凶！
真正的问题
销售额太低
没有顾客
为什么会变成这样？
只能看到这些现象
将引发“现象”的“要因”进行分解，
就能够明确真正的问题。
销售额不佳
商品太廉价
没有顾客
商品卖不动
价格太低
商品没有魅力
通过分解找出“要因”

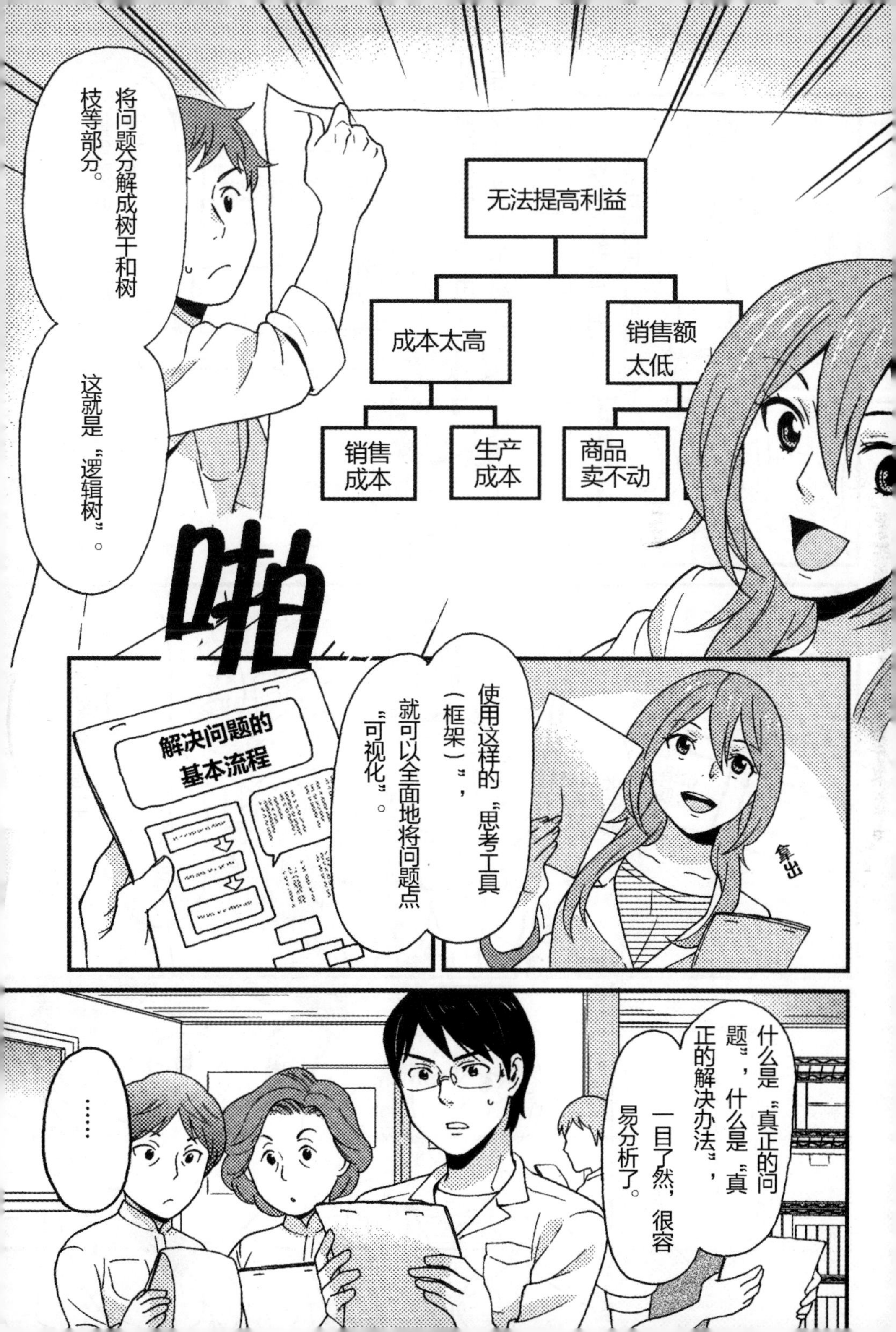
无法提高利益
成本太高
销售额太低
销售成本
生产成本
商品卖不动
将问题分解成树干和树枝等部分。
这就是"逻辑树"。
啪
使用这样的"思考工具（框架）"，就可以全面地将问题点"可视化"。
拿出
解决问题的基本流程
什么是"真正的问题"，什么是"真正的解决办法"，一目了然，很容易分析了。
……

将引起这些现象的原因分解，
无法提高利益
理由
成本太高
销售额不佳
书写
书写
在这个时候利用“MECE”分析法保证不重复、不遗漏非常重要，
哎~
比如销售额不佳的原因不可能只是“价格太低”吧？
接下来小岳你思考一下，你还没找到吧？“真正的问题”，
咚咚
销售额太低
价格太低
商品卖不动
什么是“真正的问题”……
好好想一想吧。

书写
将现在掌握的信息整理成树状图……
商品卖不动
公司没有实力
与竞品相比自己的商品缺之魅力
书写
价格太低
商品卖不动
没有掌握顾客需求
没有掌握顾客的需求……
没有生产出热门商品，
是这样吗？
公司没有实力
与竞品相比自己的商品缺之魅力
没有把握顾客需求
没错！
所以只要掌握顾客的需求并且生产出热门的商品就可以扭转现在的局面！

嗒嗒
嗒
看样子，你们已经找到我们公司"真正的问题"
和"真正的解决办法"了。
！
社长！
我想试一试广濑的"办法"，……希望大家也能帮助我，
毕竟要想执行这个"解决办法"……
需要所有人一起努力。

没有掌握顾客的需求
缺乏调查
没有好的创意
缺乏沟通
缺乏知识
缺乏思考时间
只要像这样将问题结构化，
将要因进行细分！
不管遇到什么问题都能够解决，
当然也能够生产出热门产品！

STEP 1-1

“解决问题”应该做什么？

“解决问题”这个词在我们的工作和生活中十分常见，那么“解决问题”究竟是什么呢？

让我们通过一个例子来思考一下。

团队里的A总是出错，这样一来其他人就必须弥补A先生犯下的错误，导致团队整体的工作效率下降。

面对这个问题，你会怎么做呢？

最常见的大概是这样的回答吧：

“安排一个人检查A的工作，尽量减少他的失误。”

这乍看上去解决了问题。

但是，这种方法却增加了检查人的工作量。归根到底，减少A犯错的目标是什么？应该不仅仅是“消除A的工作失误”吧。通过消除A的工作失误，让包括A在内的团队成员的工作都处于可控的状态，这才是我们想要实现的最终目标。

那么“真正的问题”就是“应该怎样做才能够提高团队的整体效率”。

因为工作失误太多所以要减少工作失误，这种想法被称为“翻硬币”。

清古堂因为销售额下降所以想要提高销售额，和这种想法类似，但实际上却并没有意识到“什么才是真正的问题”。

正如漫画中穗希所说的那样，**只是把硬币翻过来，在绝大多数情况下都是不能够从根本上解决问题的。**

只有找出“为什么卖不动”这个问题的原因，才能够解决问题。

所谓解决问题，就是找出“真正的问题”，修正应有状态和现状之间的偏差。

以前文中提到的事情为例，不管 A 也好，还是团队全员也好，在没有负担的情况下准确高效地完成工作才是应有状态。也就是说，这是我们的理想目标。这个理想目标和现状之间出现了偏差，这就是“真正的问题”。

如果不解决这个“真正的问题”，只是像打地鼠一样不停地解决眼前的现象，就无法从根本上解决问题。

所以，关键在于从一开始就找出什么才是我们应该解决的问题。

在麦肯锡的工作使我明白了一件事，那就是只要找出“真正的问题”，那就十有八九能够正确地解决问题。在遇到问题的时候，绝大多数的人都会立即着手解决问题，但实际上在此之前我们应该先明确以下两个内容：

· **确认应有状态**

· **设定什么才是真正的问题（把握问题）**

图 1-1 什么是解决问题

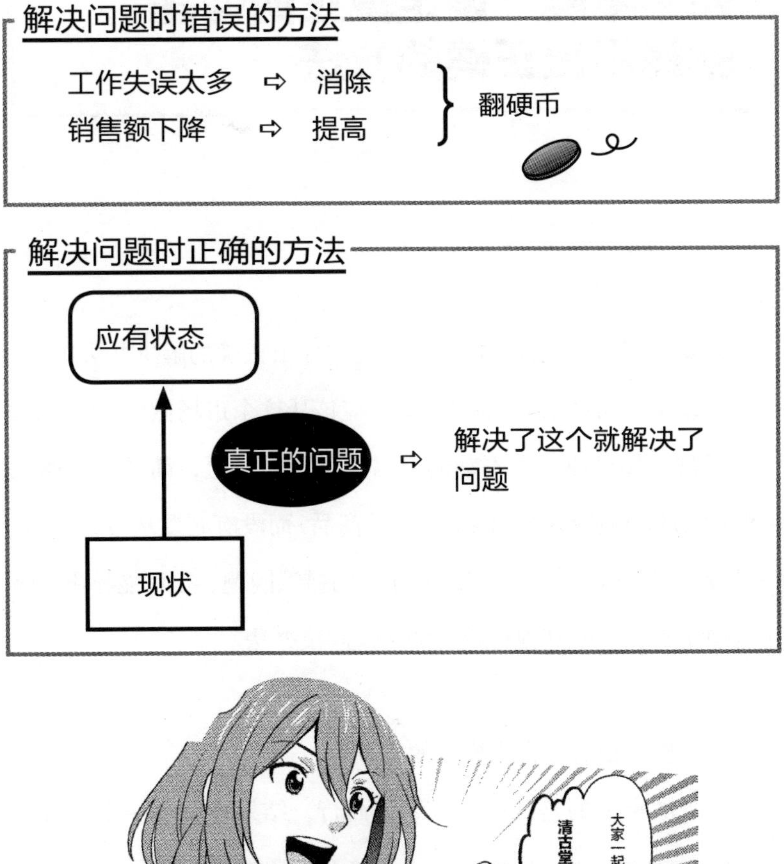
解决问题时错误的方法
工作失误太多 ⇨ 消除
销售额下降 ⇨ 提高
翻硬币
解决问题时正确的方法
应有状态
真正的问题 ⇨ 解决了这个就解决了问题
现状

大家一起来找出
清古堂"真正的问题"！

STEP 1-2

如果不能“设定真正的问题”就找不出正确的方法

只要能够准确地设定问题，就能够导出正确的解决办法。

假设某公司做出“商品卖不动。应该从这个市场撤出”的决定。

但是，如果商品卖不动的原因并不在市场上，而是出在商品上的话，那么就应该开发能卖出去的商品，而没有必要从市场撤出。一旦设定了“这个市场已经不行了”的错误问题，很可能导出“停止这项生意，从事其他行业”的错误解决办法。

大家应该都听过盲人摸象的故事吧。

这个故事说的是几个盲人结伴而行，结果前路被一个非常庞大的障碍物挡住了。他们如果不把这个障碍物弄走就无法继续前进。但是因为他们看不见，所以只能用手来摸。一个人摸到了大象的腿，于是他说“这是一棵大树”。而摸到大象尾巴的人却说“这是一根绳子”。摸到大象鼻子的人说“这是一条蛇”，摸到大象耳朵的人说“这是一把蒲扇”。每个人都有自己的看法。

这样一来，认为障碍物是大树的人或许会想要把树砍掉，认为障碍物是一条蛇的人或许会招来捕蛇人。

可是，这个障碍物其实是一头大象。就算砍掉或者招来捕蛇人，都不是正确的解决办法。

只要找一个驯象师，他就可以用大象喜欢的苹果或者香蕉来把大象带走。如果想不到这种方法，那就无法解决问题。

这个故事告诉我们“**如果不能准确地把握问题就不能解决问题**”。如果真的拿斧头去砍大象，搞不好会惹怒大象落得个被踩死的悲惨下场。

在我们的工作当中，也经常会出现类似的情况。如果像盲人摸象的故事那样设定了错误的问题，就不可避免地导致浪费时间和精力。

用“盲人摸象”的故事来自问自答

由此可见，明确我们应该解决的问题是多么重要。只要能够做到这一点，那么在发现问题的时候我们就可以更加容易地建立起适当的假设。所以当遇到问题的时候，与思考眼前问题的解决办法相比，我们更应该做的是准确地把握问题。

当面对问题的时候，请多思考一下，“我是否准确地把握了大象？”“我的大象是什么？”

图 1-2 必须准确地把握问题

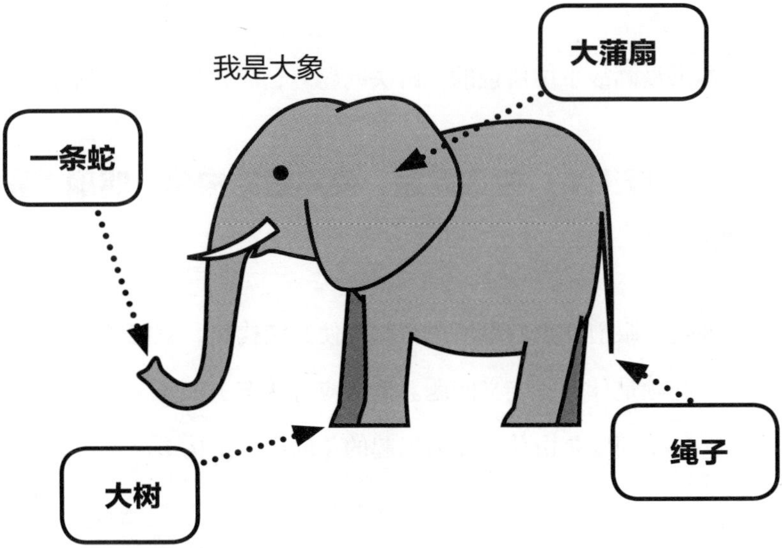

STEP 1-3

“解决问题”的流程

本书漫画故事中所说的“解决问题”，流程如图 1–3 所示。

（STEP1）整理问题，使问题结构化，明确“真正的问题”

通过对眼前发生的事情进行整理使其结构化，就能够发现：

· 问题是什么（定义问题。确认应有状态）

· 这个问题是由什么原因引起的（问题的结构）

清古堂一开始只看到了“销量下滑”这个现象，只关注现象是无法根本解决问题的。所以他们只提出了好像“翻硬币”一样的解决办法。

利用“逻辑树”将清古堂“为什么销量下滑”这个问题的要因可视化，就能够找出“无法开发出热门商品”这个“真正的问题”。

（STEP2）建立假设对“解决办法”进行分析

找到“真正的问题”之后，就可以决定“什么是最重要的课题”这一假设。

用逻辑树直观地看到问题的结构之后，能够找出许多需要解决的问题。但是，因为时间有限我们不可能解决所有的问题。这个时候，就需要找出“能够从本质上解决问题的课题”。

这时候我们就需要被称为“问题树”的框架了。

以“能够从本质上解决问题的课题”为出发点，验证这个假设是否正确，如果一切都OK，那就说明这个假设是正确的。

如果“开发新商品”是本质的课题，那么可以将其分为“开发新商品是否能够增加顾客”“是否有能力开发新商品”等要因，分别对其进行正确与否的判断。

（STEP3）验证假设

通过问卷调查或者采访等方法来对STEP2中建立的假设进行验证。麦肯锡对这个步骤非常重视。

（STEP4）实行

一边实行一边在现场做进一步的改善。

希望大家在阅读本书的时候牢记上述这些步骤。

图 1–3 解决问题的流程

（STEP1） 整理问题，使问题结构化，明确“真正的问题”

▼

（STEP2） 建立假设对“解决办法”进行分析

▼

（STEP3）验证假设

▼

（STEP4）实行

STEP 1-4

利用“MECE”实现不重复、不遗漏!

在“解决问题”的时候，需要时刻保持“MECE”（Mutually Exclusive Collectively Exhaustive）的思考。

“MECE”简单说，就是“不重复、不遗漏”。

比如你在出发登山之前，需要建立一个物品清单。如果清单上有所遗漏，那么出发后还要回来取东西。但如果清单上有重复，就会被迫携带多余的行李。也就是说，通过建立一个“不重复、不遗漏”的清单，才能够最合理地准备必要的东西。

在解决问题的时候也一样。如果事后才发现“哎呀，这个问题也必须考虑才行”，很可能浪费多余的精力，而如果搜集了多余的情报，那么很有可能影响你的判断。

所以，保证“MECE”是非常重要的。

接下来让我们看几个“MECE”的例子。

首先是用 MECE 的方法给班级里的学生分类（图 1–4）。如果只以“棒球部”和“手工部”来进行分类的话，那么参加其他社团活动的人以及没有参加社团活动的人就无法被分类，这就产生了“遗漏”。

在这种情况下，用“运动部”“文化部”“没有参加社团活动”的方法来分类，就可以实现不重复、不遗漏的分类。

接下来让我们用“休假”和“生病”来进行分类。这种情况可能会出现“虽然生病但仍然坚持上学”这种遗漏。

如果用“因为生病而休假”“虽然生病仍然坚持上学”“没有生病”的方法来分类，就能够实现 MECE。

我们使用“MECE”最主要的目的，是准确地把握现象。

比如某商品卖不出去的原因本来是“销售方法”有问题，但如果固执地认为“商品不好”，那么就无法发现“销售方法”中存在的问题。这个时候 MECE 就可以发挥作用了。

也就是说，用 MECE 进行分类，对收集的情报进行整理，可以使你意识到自己遗漏的地方。

但是，MECE 本来的目的，在于“准确地解决问题”。在这个时候，**“无论如何都要有 MECE 的感觉”——MECE 感是非常重要的。**如果过于关注不重复和不遗漏，却忘记了解决问题这个本来的目的，那么就是本末倒置，反而无法解决问题。

刚开始的时候，可以将问题从各种各样的角度分为“2 轴”“3 轴”来进行思考。比如“质和量”“效果与效率”“短期、中期、长期”“过去、现在、将来”等。

只要这样坚持一段时间，任何人都能够培养出“MECE”的感觉。

图1-4 MECE="不重复、不遗漏"地分类的例子

MECE

全体：班级全员

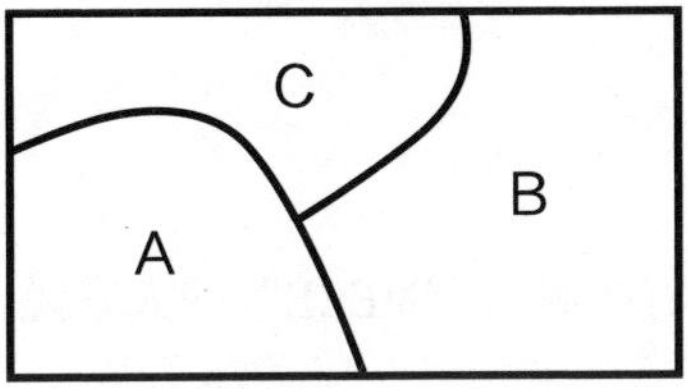

A：运动部
B：文化部
C：没有参加社团活动

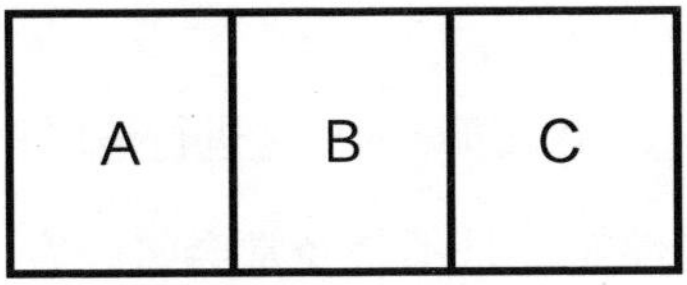

A：因病休假
B：虽然生病仍然坚持上学
C：没有生病

没有MECE

全体：班级全员

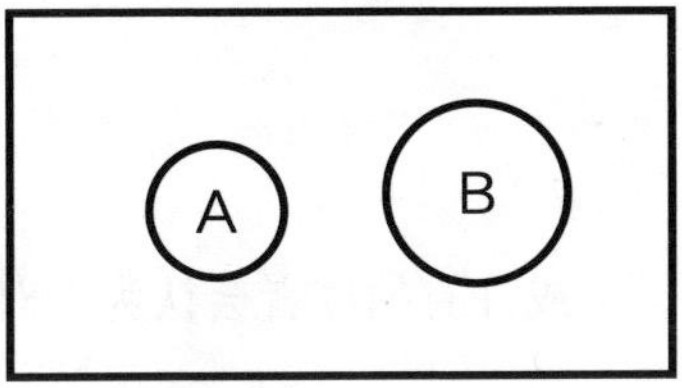

A：棒球部
B：文艺部

〈出现遗漏〉

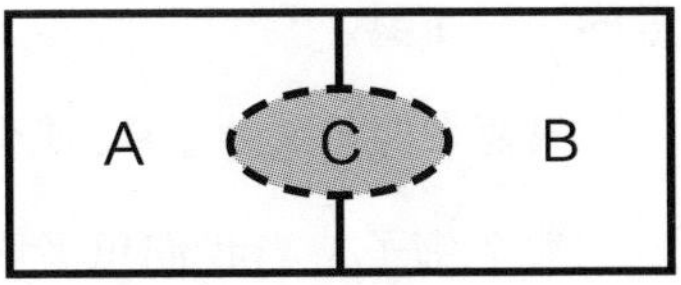

A：休假
B：生病
C：虽然生病仍然坚持上学

〈出现重复〉

STEP **1-5**

什么是“框架”？

或许有的读者会认为，对于从没有接触过“MECE”的人来说不可能一下子就掌握这种分析问题的技巧。

这个时候，就需要**“框架”**登场了。

所谓“框架”，就是用来帮助我们不重复、不遗漏地整理思考的一种工具。

只要掌握了这种工具，就可以更有效、更清晰地对思考进行整理。

举个例子，当我们思考顾客的属性时，是不是经常会将顾客按照年龄段分类呢，比如 11–20 岁、21–30 岁、31–40 岁等等。

这就是将顾客按照“年龄段”进行“分类”，使我们能够对顾客的性质一目了然（在后文中将详细说明），通过按照年龄进行分类，可以实现对顾客分类的不重复、不遗漏。所以使用这种框架，就可以不重复、不遗漏地把握对象。

要想成为一名优秀的管理顾问，需要根据问题的实际情况自己创造和设计最合适的框架，但对于初学者来说，只要掌握一些基本的框架，就可以立即将其应用到实际的工作和生活当中。

框架大致可以分为以下三种类型。

①分解要素的框架

在 STEP1 的漫画中也出现过，就是将某件事分解成几个要素，把握问题的结构。

例：4P、3C、逻辑树

②发现流程的框架

按照工作的流程和顺序进行分析。

例：商业系统

③进行对比的框架

按照质与量，国内与国外等标准对市场来进行分析。

例：定位矩阵

在本书中为大家介绍了许多框架，大家可以根据各个框架的用途来进行实际的应用。

STEP 1-6

利用"逻辑树"发现问题的所在

让我们再多了解一些关于框架的内容。

为了找出问题究竟是由什么要因（WHY）引起的，问题究竟存在于什么地方（WHERE），必须将问题结构化进行思考。

所谓结构化，简单说就是将各种各样的要素组合到一起，从整体上把握"问题"。这个时候使用**"逻辑树"**尤为方便。

造成问题的原因不是单一的。使用逻辑树，可以从**"广度"**和**"深度"**两方面将造成问题的原因可视化并且进行分析。通过逻辑树，可以找出最重要的原因。

在构筑逻辑树的时候，首先要保证不重复不遗漏，将想到的要素都罗列在树状图上。在书写的时候，既可以像漫画中介绍的那样从上向下，也可以像图 1–5 那样从左向右，我个人推荐从左向右的方法。因为根据我的经验，从左向右进行书写的过程可以帮助我们加深思考。

假设我们要选择“约会时要去的餐厅”。利用逻辑树来思考一下所需的条件。

首先是场所。应该在对方的公司附近还是在公共交通终点站附近。

接下来考虑氛围。是高档餐厅比较好，还是环境优雅能够轻松聊天的餐厅比较好，或者比较隐秘的私房菜比较好。

当然，料理的种类也很重要。法国料理、意大利料理、日本料理、中华料理等等。

最后是价格。价格太高恐怕承担不起，但价格太低的话恐怕会遭到对方的嫌弃。

将上述内容综合起来进行思考，就可以建立起如图 1–5 所示的树状图。

这样一来我们就能够不重复不遗漏地仔细进行分析了。

图 1–5 约会时选择餐厅的逻辑树

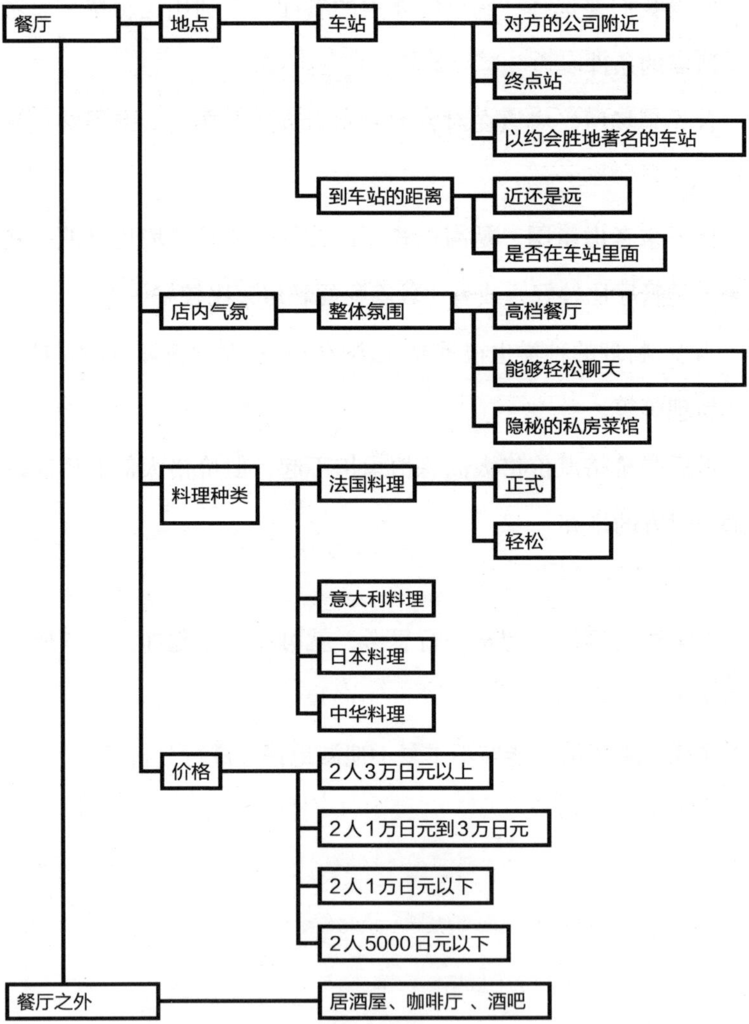

接下来让我们再来看一个能够立刻应用在工作之中的逻辑树（图 1–6）。

假设现在你面临“提高利润”这个课题。

为了使用MECE来进行分类，我们需要用“数字”来进行思考。

将利润用数字表示的话，可以得出：

· 利润 = 销售额 − 成本

所以要想提高利润，只能提高销售额，或者降低成本。

那么，为了提高销售额，我们应该做些什么呢？

销售额可以用“**价格 × 销售数量**”来计算得出。也就是说有以下两种方法。

· 提高销售数量

· 提高价格

以咖啡店为例，星巴克靠的是高价格来获得利益，Doutor 则是依靠薄利多销来获得利益。

那么提高“销售数量”的要因又包括什么呢？可以考虑的要因包括宣传、销售店铺等各种各样的要因。

关于成本方面，可以考虑是否能够降低成本，是否能够降低人工费等要因，我们需要找出其中最重要的部分。

图 1–6 可以使用在工作中的逻辑树

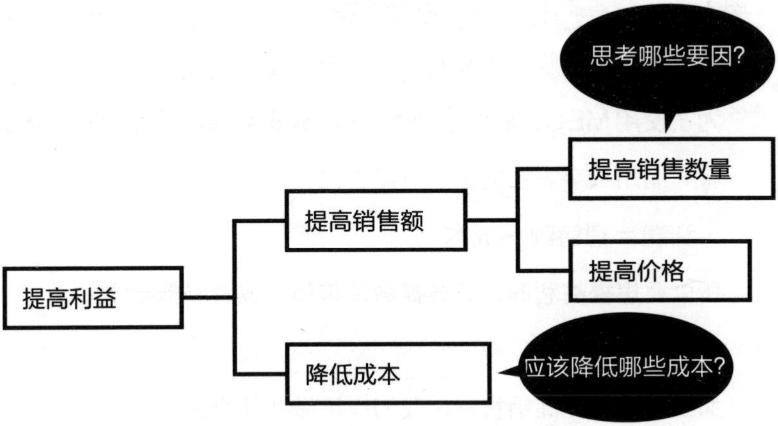

STEP 1-7

被应用在竞争战略中的“3C 分析”

在思考竞争战略和市场开拓战略时，最常用的框架是“3C 分析”。所谓“3C 分析”，就是对市场（Customer）、公司（Company）以及竞争对手（Competitor）这三个以英文字母 C 开头的要素进行分析。

穗希对清古堂进行了如下的分析。

· 市场（Customer）= 甜品热潮一直持续，外国游客不断增加，“日式点心”的市场是确实存在的。

· 竞争对手（Competitor）= 生产日式点心并且业绩不俗的其他公司以廉价的商品为主

· 公司（Company）= 自己公司的工人拥有优秀的技术

通过上述分析，可以发现应该利用自己公司的工人所拥有的优秀技术，趁着甜品热潮开发出具有差异性的新商品。

在利用3C进行分析时，也应该时刻保持MECE感来进行思考。否则可能会因为只考虑自身情况而没有思考竞争对手，结果导致开发的新品市面上已经有同类商品销售，或者发现“根本就没有市场”，到时候追悔莫及。

在市场变化愈发剧烈的今天，使用3C来进行分析显得更加重要。

比如录音机市场。就算改善磁带的质量使其音质得到大幅度的提高，但是在当今“只单独购买一首歌”的市场环境中，磁带本身就已经没有市场了，不管厂商多么努力，也不可能取得很大的销量（或许可以面向磁带的核心用户销售高价的商品）。

就像从磁带到CD再到数码音乐一样，每当出现大的“更替”，那么市场都会发生天翻地覆的变化。因此，使用3C对市场进行不重复、不遗漏的分析是非常重要的。

1-7 3C分析

综合以上内容

“清古堂应该充分利用工人们优秀的技术继续留在日式点心市场！”

STEP 1-8

市场营销的典型框架“4P”

4P 是市场营销中最具有代表性的框架。从产品（Product）、价格（Price）、销售位置（Place）、销售方法（Promotion）这四个方面，不重复、不遗漏地与其他公司进行比较做出分析。

比如针对某商品的市场营销战略与其他公司进行比较的时候，可以从以下四个视点来进行分析。

· 商品是什么？

· 价格如何？

· 在什么地方进行销售（店面、仓库、网络、上门推销）？

· 采用什么促销方法？

这就是一个不重复、不遗漏而且能够进行验证的框架。

用东京香蕉和清古堂进行比较，结果如图 1–8 所示。

图1-8 4P的例子

	东京香蕉	清古堂
产品	作为伴手礼的西式点心	传统的日式点心
价格	与伴手礼相符的价格（483~2057日元）	零售（150~300日元）
地点	百货商店、车站、机场、服务区	县内3家店铺
PR	车站广告等	偶尔在附近发传单

像这样进行整理之后，就可以知道什么样的公司面向什么样的客户采取什么样的措施，从而认识到自己公司的不足，并且找到让自己的公司实现差异化的方法。

STEP 1-9

掌握商业活动流程的“商业系统”

商业系统是在商业流程中应用的框架。换句话说就是“将开展事业所必需的要素按照功能分类，然后整理成连续的流程”。

比如一家生产商，具有“开发→制造→市场营销→物流→批发→店面管理”等一系列的流程，就职活动拥有“自我分析→企业分析→投递简历→面试→录用”这一系列的流程。将流程中的每一个要素与其他进行比较，就可以找出失败的原因，让自己的业务变得更好。

假设有一家饭店，“最近经营不太顺利，希望能够来更多的顾客”。在这种情况下，就可以利用商业系统，将自己的饭店和其他经营良好的饭店的工作流程进行比较。

将顾客前来消费的流程按照“宣传→试吃→进店→消费→回头客”进行思考，就会发现那些经营良好的饭店创建了一套完整的机制来吸引顾客，或者采用了“积分卡”的制度。通过比较之后就可以明确自己的饭店应该采取的对策。

商业系统的例子

	宣传	试吃	进店	消费	回头客
自己的饭店	·在附近发传单	·以店铺为中心的传单	·每一个座位都很宽敞但位置不多	·菜单很丰富 ·味道好 ·不同季节变换菜单	
经营良好的饭店	·发传单（带优惠券） ·主页	·以优惠券为中心的传单	·位置很多客人不用等待 ·等待席是沙发坐还有杂志	·主要面向家庭用餐 ·单价便宜	·积分卡

除此之外，还可以将顾客消费时的流程“可视化”，然后进行分析。

“商业系统”的框架可以应用在一切工作领域之中。如果你想像憧憬的前辈一样工作，那就可以利用这个框架，观察前辈的工作方法，并且与你自己的工作方法进行比较，这样一定能够找到提高自己的办法。

STEP 1-10

使组织一目了然的“7S”

很多人对于“组织”都没有一个明确的概念。因为对于绝大多数的人来说，并不知道组织都是由哪些要素组成的。

比如我们经常听到“那个公司感觉很有效率”，或者“那个公司很友善”之类的评价，但对于公司的员工来说只是在理所当然地进行自己的工作而已，并不会有特别的感觉。所以就连公司的员工自己也说不出为什么公司会给人留下这样的印象。

对这样的组织进行分析时，就需要用到被称为“7S”（图 1–10）的框架。

构成组织的要素可以分为硬件和软件两部分。硬件与软件之间是相辅相成的关系，在对组织进行改革的时候必须同时对双方进行改善才行。具体包括以下 7 个项目。

【硬件】

战略（Strategy）

组织结构（Structure）

内部系统（System）

【软件】

组织文化（Style）

组织的强项（Skill）

人才（Staff）

共同价值观（Shared value）

即便是相似的业种，组织内部也是不同的。即便是同样的“通信行业”，有的公司给人一种很有效率的感觉，有的公司则给人一种保守的感觉。通过这种 7S 的分析，就可以发现同行业的公司为什么会有不同的氛围，以及具体的区别。

图 1–10 7S

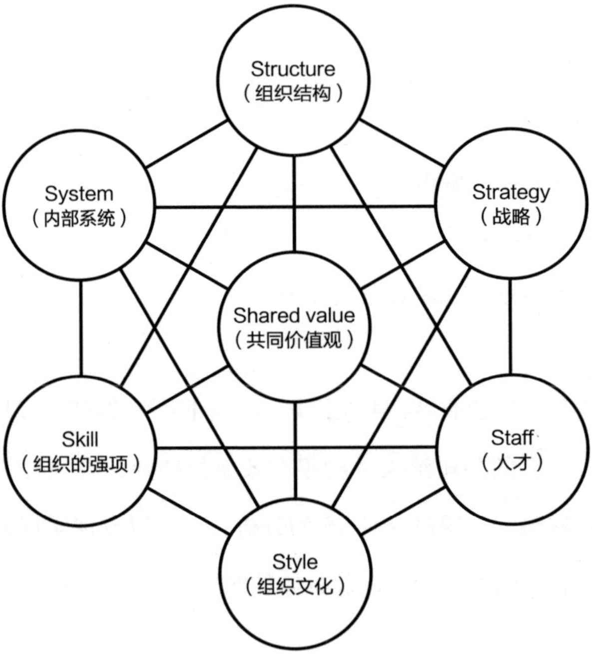

这个分析方法也同样可以应用在就职和跳槽活动中。

如果你是那种“自己能够积极主动进行工作”的类型，那么就比较适合将工作都交给员工自己完成的组织；如果你是那种“与赚钱相比更重视远大的理想”的类型，那么就应该寻找“价值观”与自己相同的公司。

清田社长 利用逻辑树选择汽车

社长竟然在看汽车广告，真少见呢。

我在想要不要买一辆休闲车。因为价格不菲，所以怕买错了。

那么，用逻辑树来分析一下怎么样呢？社长对休闲车都有什么要求？

首先是人数吧。希望能坐下我们全家五个人。

其他还有什么要求吗？

后备厢最好能放下野营用品和孙子的玩具，颜色最好是银色或黑色。

我列了个表，您看一看。

要想知道是否符合自己的要求，只要看这个表就可以了吗？

您还真是宠爱自己的孙子呢。他多大了？

已经上高中了。

都已经是高中生了，还会和全家一起去旅行吗？

所以我才想买辆新车邀请他。

高中生不会这么轻易上当吧。

说的也是，好吧我改主意了！我要买一台哈雷摩托，让孙子觉得我是一个很帅气的爷爷，怎么样？

（看来“真正的问题”是希望孙子喜欢自己啊……）

果然不仔细思考的话就找不出正确的解决办法呢！

像这样利用逻辑树整理出自己的需求，就可以建立起一个检查列表

选择休闲车时的逻辑树

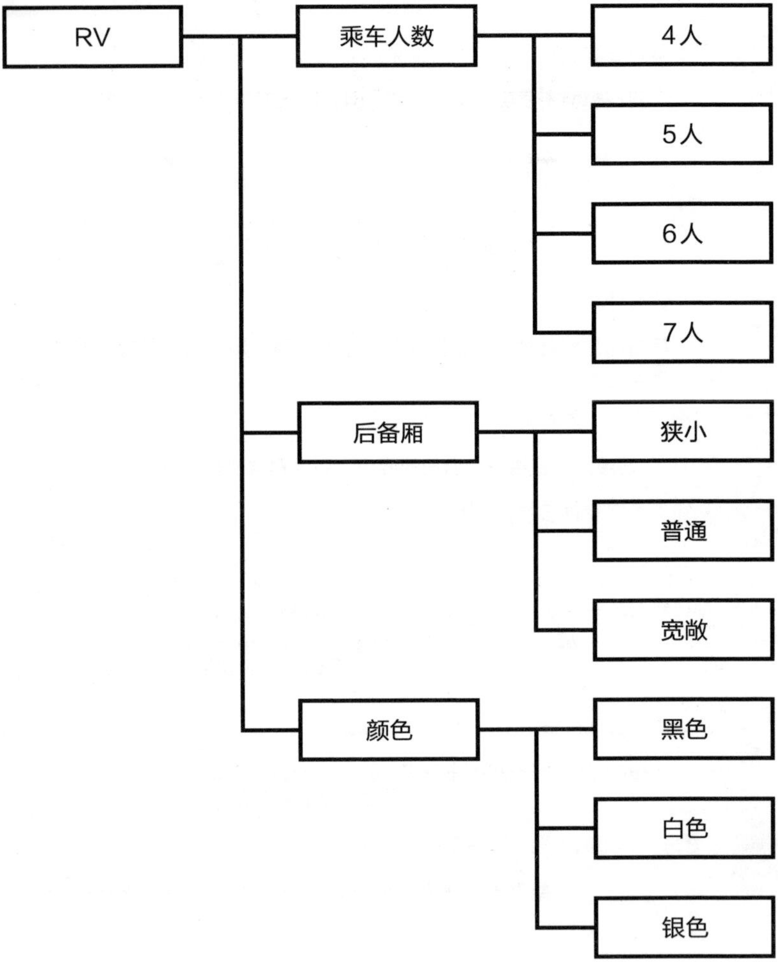

STEP 2

建立“假设”！

本章中的知识点

○问题树　　○刨根问底

○定位矩阵

会议室
要想解决"真正的问题"，
就必须
啪
嗒
"把握顾客的需求，生产出热门商品"！
拿起
所以我就连午休的时候也像这样不断地试吃热门商品，
找出它们为什么热门，以及我们应该如何生产出热门商品……
然后大家一起商讨，
大吃
特吃
大吃
特吃
嗖
嗖
嗖
嗖
大吃
特吃
真好吃
没错，首先要大家意见统一，
你真的在思考吗？
咀嚼

推门
等一下
もぐ
もぐ
拿走
"生产出热门商品"
我吃了
还只是停留在假设阶段。
啊呜
真好吃
"假设"？
这个阶段离成功还早着呢。
舔
通过逻辑树……
无法提高利益
销售额太低
成本太高
价格太低
商品卖不动
生产成本
销售成本
我们能找出什么是最重要的课题。

将最重要的课题作为“假设”，
最重要的课题
变身
假设
假设
假设
然后应该验证这个“假设”是否正确，
用各种方法验证假设
因为还没有具体的商品创意……我们可以使用问题树
问题？
问题
“问题”指的就是“最重要的课题”，
这就是问题树。
出发点
问题
课题A
课题B
课题A-1
课题A-2
课题B-1
课题B-2
这和逻辑树不是一样吗？

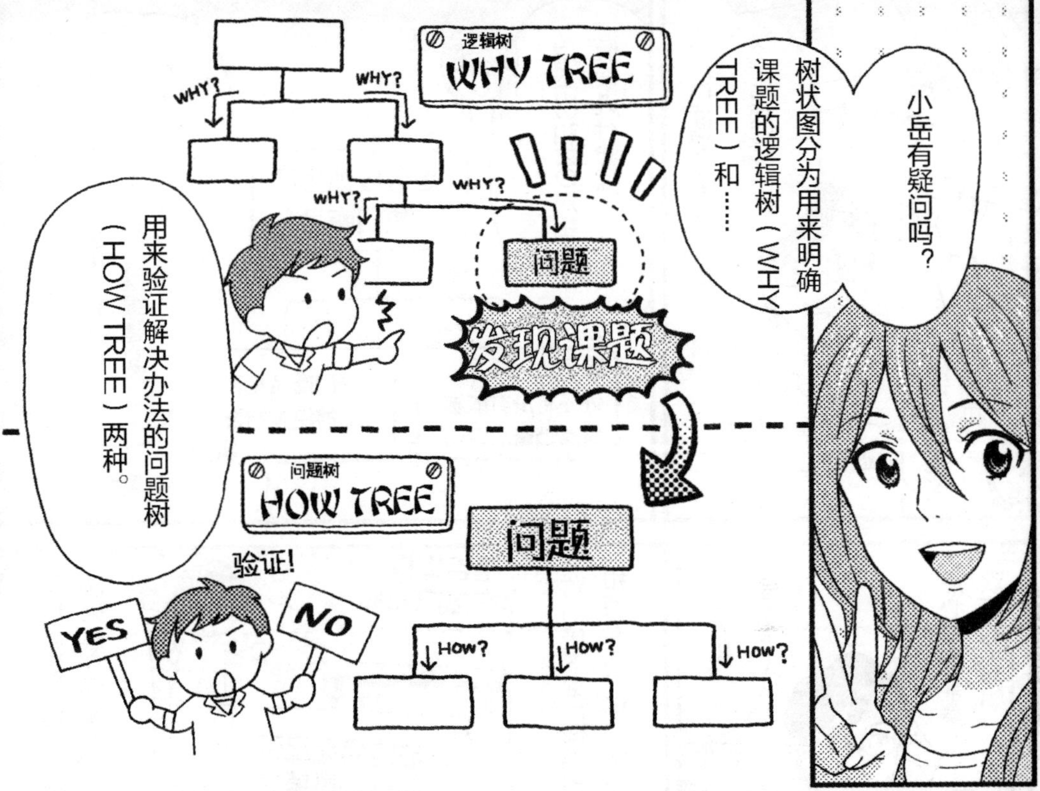
小岳有疑问吗？
树状图分为用来明确课题的逻辑树（WHY TREE）和……
逻辑树
WHY TREE
WHY?
WHY?
WHY?
WHY?
问题
发现课题
用来验证解决办法的问题树（HOW TREE）两种。
问题树
HOW TREE
问题
HOW?
HOW?
HOW?
验证!
YES
NO

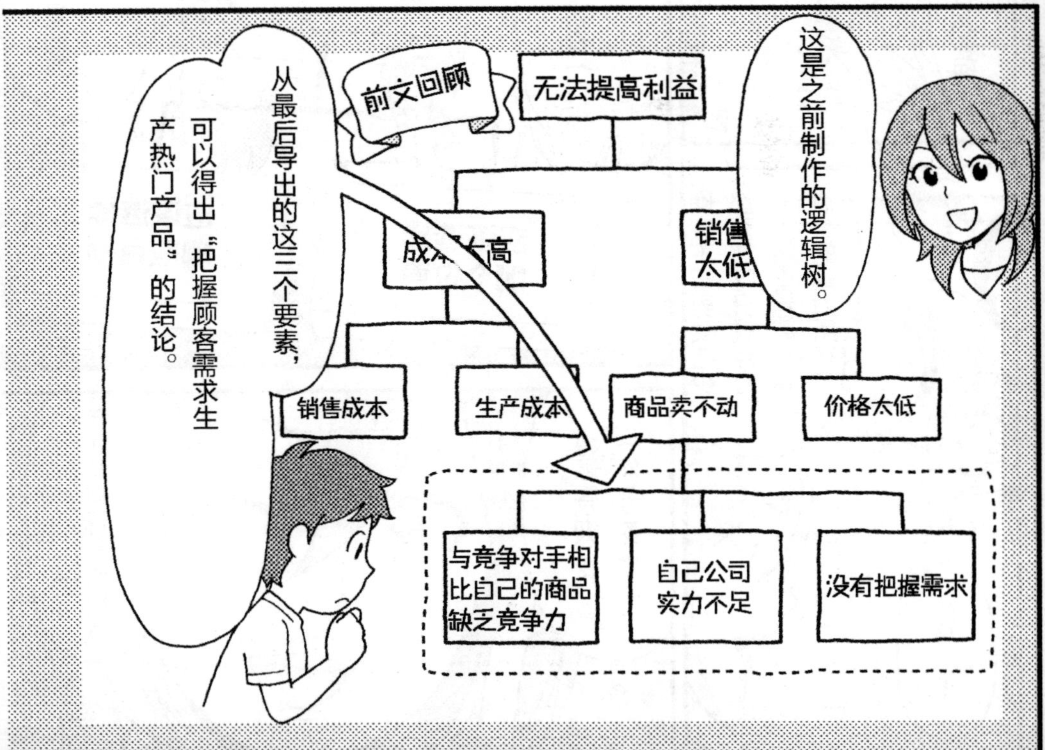
这是之前制作的逻辑树。
前文回顾
无法提高利益
成本太高
销售太低
销售成本
生产成本
商品卖不动
价格太低
与竞争对手相比自己的商品缺乏竞争力
自己公司实力不足
没有把握需求
从最后导出的这三个要素，
可以得出“把握顾客需求生产热门产品”的结论。

也就是说以之前的结论（问题）作为出发点，继续建立HOW TREE。
是否应该生产热门商品
热门商品是否能够提高销量
除了热门商品之外还有没有能够提高销量的方法
敲黑板
用YES和NO对每一个假设进行验证。
“热门商品是否能够提高销量”这个当然是YES。
大吃
特吃
没错，就是这种感觉。
然后应该针对提高销量的方法来建立假设吧？
YES
是否应该生产热门商品
热门商品是否能够提高销量
应该选择哪些目标
应该选择哪个位置
对！接下来应该决定顾客（目标）和商品的立场（定位）。
首先从目标开始思考，
将顾客细分化（segment）。
细分化？
那是什么？
点心是谁都喜欢吃的东西，
有必要细分吗？
确实不管男女老少都喜欢吃日式点心
……这也是清古堂点心的魅力所在。
但是……

日式点心的市场趋于饱和，竞争日益激烈……
××总店
○○屋
著名馒头店
△△店
大型日式点心生产商在全国都有分店
带有西式点心风格的日式点
非常受欢迎
□□家
清古堂
历史悠久……
如果不找准自身的位置和目标消费群体，那么很难在市场中生存下来。
原来如此……所以要想开发出热门商品必须关注“目标群体”和“市场”。
市场
锁定目标
所谓目标顾客群体，比如男性还是女性，
或者以年龄层区分，只以年轻消费群体为目标等等。

原来如此！那么应该锁定哪个性别或者哪个年龄层呢？
只以性别和年龄层来区分太无聊了吧……
哎？无聊？
……
就是说这样做太没新意。
啊，那样的话……
以"地区"来区分怎么样？
将顾客分为"本地人"和"外地人"。
确实，常客和其他顾客购买的商品是不一样的。
咀嚼
咀嚼

如果将外地人进一步区分的话，比如“观光客”，
还有“来出差的人”，
“回老家”的人。
不错！让我们不重复不遗漏地区分一下吧。
拔掉
写字
写字
来出差的人和……
……
啊
还可以更进一步区分！

“观光客”还可以分为“日本观光客”和“外国观光客”，
JAPAN
WORLD
来这里的外国人观光客每年都在增加，
怎么样？
如果将目标顾客群体锁定在“外国观光客”上……
！
但我们是日本人啊，
就是就是
怎么能掌握外国人的喜好呢？
可是……这个目标群体很有趣不是吗？

观光客的数量庞大而且会买很多伴手礼，
特产角
这个不错！
这个也想要！
特别是外国观光客的购买力很强，将目标顾客群体锁定在这里是个很好的主意！
说起来简单，但我们的商品可不是“伴手礼”，而是适合当地人口味的传统日式点心，
突然做出改变并不现实。

那么，你认为"日式点心"的"价值"在什么地方？
！
比如，作为食物很美味……
很好吃
oh! 很有日本风味！很好！
看起来很漂亮
送给长辈的礼物
其他还有看起来很漂亮，作为礼品送人显得很高档之类的，
作为日本传统文化的一环，应该也可以说很有"价值"。
原来如此……这样一来虽然感觉方向性突然发生了巨大的转变。
但实际上只是改变了对日式点心的看法，而作为日式点心店却没有任何变化。
这样想的话，日式点心作为伴手礼确实很有魅力呢，
似乎很有希望。

“日式点心就应该是这样”，
“清古堂的商品就应该卖给当地人”，
清古堂
如果被“就应该”的想法束缚，那么就无法想出解决难题的办法，
从0开始的思考
这个时候“从零开始”进行思考就非常重要。
就像刚才那样，
到底是怎么回事？
用“刨根问底”的方法来扩大思考范围。

让我们重新站在"伴手礼"的视点上，用"从零开始"思考新商品吧。
为了提高销量，首先希望什么样的"外国观光客"购买呢？
应该面向亚洲顾客吧，离我们近而且人口也多。
观光客
日本人
外国人
亚洲
欧洲
那么进一步锁定"亚洲观光客"。
在"亚洲"上画圈

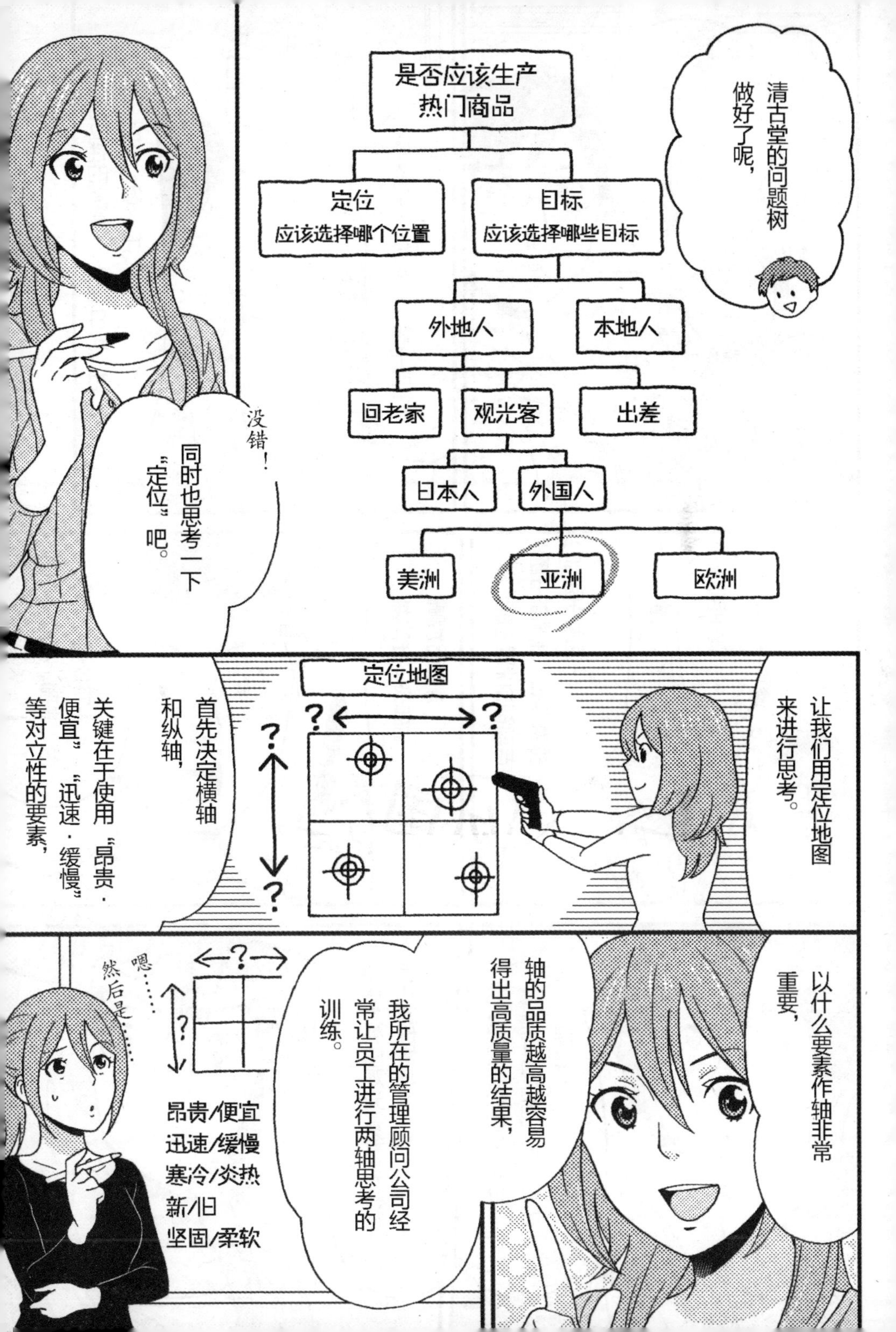
清古堂的问题树做好了呢，
是否应该生产热门商品
定位 应该选择哪个位置
目标 应该选择哪些目标
外地人
本地人
回老家
观光客
出差
日本人
外国人
美洲
亚洲
欧洲
没错！
同时也思考一下"定位"吧。
让我们用定位地图来进行思考。
定位地图
首先决定横轴和纵轴，
关键在于使用"昂贵·便宜""迅速·缓慢"等对立性的要素，
以什么要素作轴非常重要，
轴的品质越高越容易得出高质量的结果，
我所在的管理顾问公司经常让员工进行两轴思考的训练。
嗯……
然后是……
昂贵/便宜
迅速/缓慢
寒冷/炎热
新/旧
坚固/柔软

伴手礼定位
对立性的要素……用"日式"和"西式"怎么样？
馒头属于"日式"，饼干属于"西式"，
将伴手礼的定位分类后就会一目了然。
我也这么认为！
另一个轴用"昂贵"和"便宜"怎么样？
我认为价格是很重要的因素。
这个要素确实在定位地图中很常用，但总感觉品质不够呢……
嗯～～
品质不够……？
咀嚼
咀嚼
咀嚼
你认为外国观光客会很在意伴手礼的价格吗？
虽然大家都喜欢买价格便宜的东西，但难得出国旅行……

如果是非常想要的伴手礼的话，应该不太在意价格吧。
亚洲人都很喜欢买东西呢。
大吃特吃
这个也很好吃
会变胖的小岳
但正因为如此才更应该注意，
你觉得亚洲的观光客会喜欢哪些要素？
当然是具有“日式”风格的……
咀嚼
能够传达日本历史和文化而且工艺精湛的东西一定很受欢迎吧？
这样的话就算价格高一些也能卖出去

对了，如果是能够展现出工人精湛技艺的工艺品的话……
啊
这和日式点心有异曲同工之妙……不是吗？
说的没错，如果能够充分发挥"工人们的优秀技术"……
!
将目标顾客群体锁定在拥有极强购买力的亚洲观光客上，
利用工人的优秀技术生产出具有艺术价值的伴手礼。
西式
高
工人的技术
低

这就是“从零开始”的思考方法！
西式
日式
高
工人的技术
低
上色
只有这里才做得出来的点心……这就是我们的目标。
清古堂的强项就是拥有技术优秀的工人，只要充分利用这一点就可以生产出日式点心的“热门商品”。
清古堂
这样一来清古堂的问题就找到了具体的“解决办法”！
为亚洲观光客生产充满日本传统和艺术性的，高价格、高价值的日式点心！

STEP 2-1

验证假设的“问题树”

在解决问题的时候，尽早建立假设——也就是“暂时的回答”——非常重要。换句话说，就是要尽快找到“答案”。

假设之所以这么重要，是因为在建立假设之后，我们就可以对假设的正确性进行验证。

漫无目的的寻找解决办法显然是不可取的，将看起来最有效的解决办法作为假设，然后对其进行验证，这样就可以准确高效地解决问题。

比如在明确“没有热门商品”这一课题之后，就应该立刻建立假设，然后对其进行验证。如果验证结果表明这个假设是错误的，那就应该立刻建立另外的假设，然后继续对其进行验证，不断重复这一过程，直到找出正确的答案。

这个时候我们就需要用到**“问题树”**。

所谓问题树，就是以“最重要的课题”（问题）为出发点，然后列举对其进行验证的要素，用“YES/NO”来对这一假设进行验证。如果说逻辑树的作用是找出要因（WHY · WHERE），那么问题树就是验证方法（HOW），所以逻辑树又被称为WHE TREE，问题树又被称为HOW TREE。

问题树的建立方法与逻辑树基本相同。

比如清古堂，需要对“是否应该生产热门商品”进行验证。

但是，如果看这个问题，那么还是不知道应该生产什么样的商品，最后只会得出“这个想法很正确”这样一个模糊的回答。

所以我们需要将“顾客”（卖给谁，目标群体）和“商品在市场中的位置”（定位）区分开，然后分别进行思考。

这个时候，我们可以使用3C等框架将要素区分开来然后进行分析。

· WHO（卖给谁）

· WHAT（卖什么）

· WHERE（在哪卖）

· HOW（怎么卖）

接下来就是以这些分解的项目为基础，对其进行验证。比如对“当地人”和“外地人”进行验证，得到的结果是“之前一直以当地人为目标进行销售，今后希望能够卖给外地人”，那么就给“外地人”做出“YES”的判断然后继续进行验证。重复这样的过程，不断地对做出“YES”的判断进行验证，最后就能够发现“应该生产的商品”。

如果对每一个“YES”的判断都能够给出明确的理由，那么就说明这个问题是正确的。

如果将要素分解后发现无法完全地回答 YES，那么就说明这部分存在需要验证的内容。

图2-1 整理论点的树状图（清古堂）

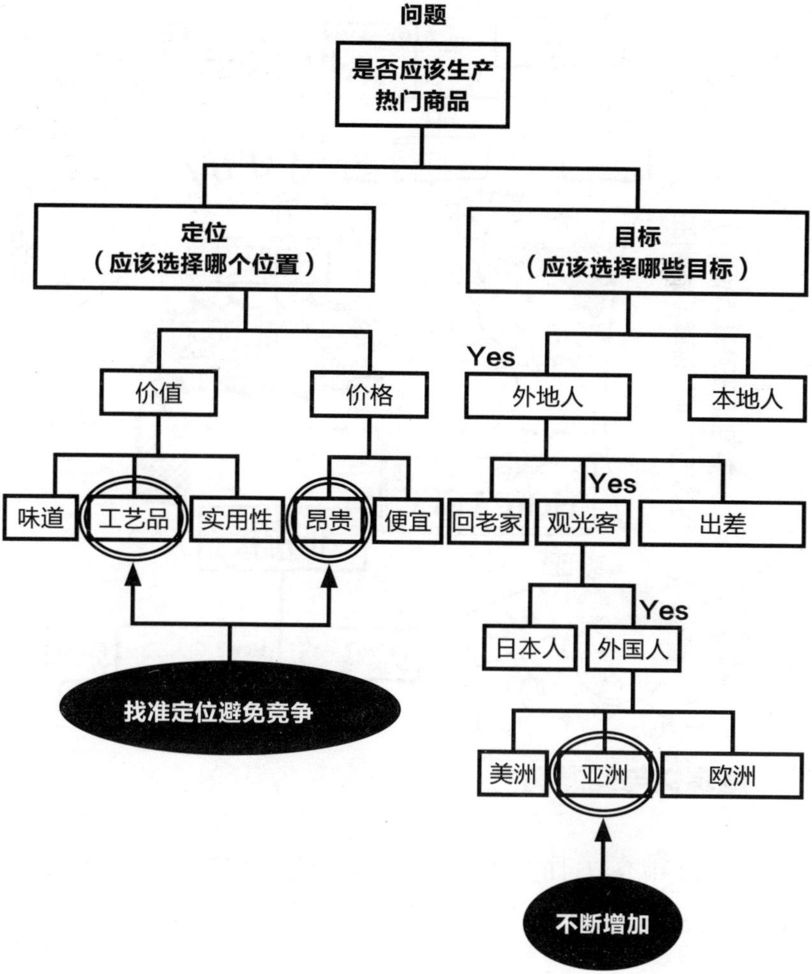

图 2–2 逻辑树与问题树

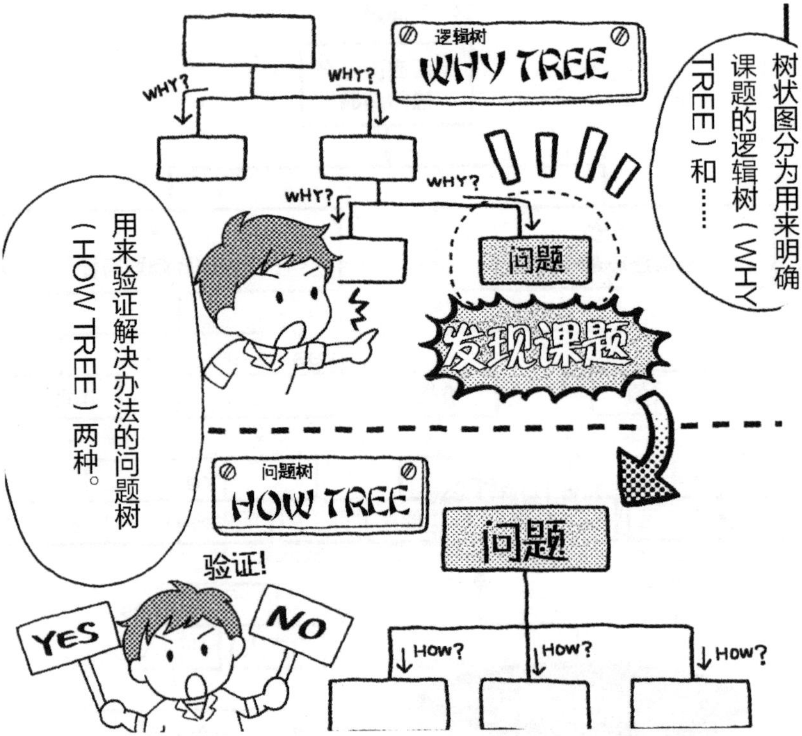

逻辑树与问题树

STEP1 中介绍过的逻辑树与本章中介绍的问题树之间的关系如图 2–2 所示。

逻辑树中最后确定的要素，在问题树中成为最上方的“问题”，然后通过问题树对其进行验证。

STEP 2-2

决定位置和优先顺序的“定位矩阵”

所谓**定位矩阵**，就是用两个轴将正方形分为四个部分，然后将市场中的商品填入其中，确定优先顺序并且对必要的内容进行选择的矩阵。

在选择轴的时候，正如漫画中说明的那样，选择像“效率与品质”等**具有对比性的要素做轴比较好。**

大家一定对以紧急度和重要度为轴决定工作优先顺序的矩阵有所了解吧（图 2–3）。

对紧急度和重要度进行对比之后，应该从紧急且重要的地方开始进行工作。

以清古堂为例，在思考新商品和服务的时候，或者思考自己公司在市场中处于什么位置的时候，都可以使用这种矩阵来帮助思考。

清古堂利用“日式”“西式”以及“工人技术高”“工人技术低”

图2-3 定位矩阵

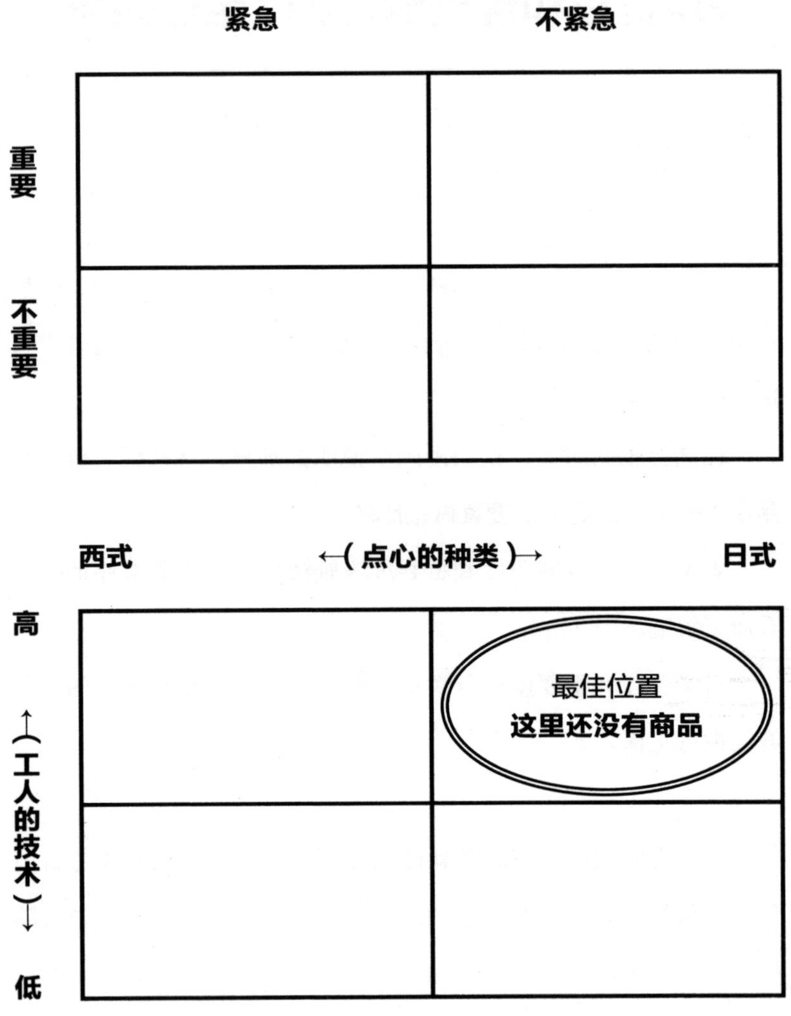

来对点心进行区分（图 2–3 下）。然后发现了“面向外国观光客，工人技术高的日式点心”这一没有竞争对手的市场。这就是所谓的“最佳位置”，也就是没有竞争且充满魅力的市场。

定位矩阵还有其他许多使用方法。

请大家一定要试一试。

利用【二轴】来思考

“二轴思考”，对于培养思考能力来说，是一种非常好的锻炼方法。

在进行定位的时候，选择不同的轴将对定位结果产生非常大的影响。

比如啤酒一直以来都以“价格”和“味道”作为判断基准，而“口感”则常常被忽视，如果以“口感”为轴进行分析的话，可能会发现新的需求，开发出热门的商品。因此，选择一个“优秀的轴”尤为关键。

选择的轴越优秀，越容易找到蓝海，也就是没有竞争对手而且顾客购买欲极强的市场（这也被称为“漂亮的分析”“直觉优秀”）。只要面向这个市场开发商品，那么成功的概率就会非常高。

反之，如果选择的轴不怎么样，那么在整个矩阵之中不管哪个位置都会充满竞争对手。这样不管你选择哪个市场都是红海。

事实上，通过对市面上在售的商品进行分析，就可以找出新的轴，以及竞争对手没有触及的空白区域。只要能够找到一个优秀的定位，那么商品的主旨也会自然而然地明确出来。

是否能够找到一个好的切入口，是否能够选择出优秀的轴，这正是衡量一名管理顾问是否优秀的标准。我在麦肯锡工作的时候，每天最少要练习建立十个轴。

只要能够找到与之前完全不同的切入点和突破口，就很容易创造出热门的商品。

不要小看“意外性”

在“轴”之中意外性也非常重要。

最近加“盐”的点心越来越多。比如“盐巧克力”和“盐冰激凌”等，大家应该也都见过吧？因为“点心制造商当然要生产甜的东西”，所以抓住这个思想盲区以“咸味与甜味结合”为轴进行思考的话，或许会创造出崭新的热门商品。

根据切入点的不同以及选择轴的不同，经常会发现这些充满“意外性”的商品。而选择一个优秀的切入点或者轴，则能够显示出一个管理顾问以及商界人士的能力。

STEP 2-3

坚持“刨根问底”站在更广阔的立场上思考

当我们思考问题的时候，很容易陷入自己的思维误区。

比如，清古堂一说起日式点心，首先想到的都是“小点心”、“伴手礼”或者“老年人喜欢”。

如果只在这种固定的概念中思考，就很容易被自己的经验束缚，难以想出有创意的点子。

这时候我们就需要**“刨根问底”**。

“这东西的价值究竟在什么地方？”

“这究竟是怎么一回事？”

“我们究竟想做什么？”

通过对自己提出这样的问题，就可以从自己过去的意识中摆脱出来，在一个更加开放的状态下进行思考。

只要能够做到这一点，就可以更容易想出好的创意。

“日式点心的价值究竟在什么地方？”

“看起来很漂亮也是价值所在。如果以日本的四季为概念，那么在某种意义上，也可以说是一种传达日本文化的手段。”

“因为卡路里含量很少，所以很适合作为给减肥人士的奖励。”

如果你的思考陷入僵局，请尝试一下“刨根问底”的思考方法，因为这样很有可能使你想出崭新的创意。

另外，“刨根问题”还**具有让对方茅塞顿开的效果。**

比如某人在工作上遇到困难的时候，如果你问他：

“为什么做不好？”

那么他肯定回答不出来。因为如果他能够回答这个问题的话，那就不会有困难了。

所以你应该这样问：

“你最在意的究竟是什么？”

“你究竟想怎样做？”

如果在开会时大家的讨论停滞不前，你可以尝试提出这样的问题：“我们究竟想要做什么？”

也就是说，通过“刨根问题”可以使我们回到最根本的立场上，用更广阔的视角进行思考，这样我们就会更容易发现新的创意和找出自己遗漏的地方。

利用“3C”来思考婚姻大事

我在公司工作很长时间了，差不多想要结婚了~

喜欢什么样的人？

其实我想和有魅力的创业者谈恋爱。

那我们用3C的方法来思考一下吧。首先是顾客（有魅力的创业者），你喜欢什么样的人？

必须可爱、聪明、会打扮。

你有什么优点？

嗯，善解人意，还很会做饭。

有情敌吗？

有一个强敌，好像是模特之类的。

让我们把这些内容整理一下看看。

嗯，看来以我的条件想找一个有魅力的创业者有点困难呢。

这样的话，换一个市场如何呢？比如不找创业者而是IT行业的从业人员之类的。

那么顾客，因为是宅男所以很喜欢善解人意的人。情敌也变成普通的OL了。这样一来我的胜算好像更大一些。我是不是应该去参加IT相关的学习班呢？

看一看定位地图吧。用是否善解人意和是否会做饭来做二轴。

参加者A只会自说自话，参加者B则不会做饭。“善解人意，会做饭”的位置刚好空着呢。我赶紧去报名参加吧。

通过上述事例不难看出，3C的框架不仅可以应用在商业活动之中，还可以应用在许多方面。认为这些都只能应用在工作之中的人，一定要多加尝试哦。

利用3C对婚姻大事进行定位分析

有魅力的创业者

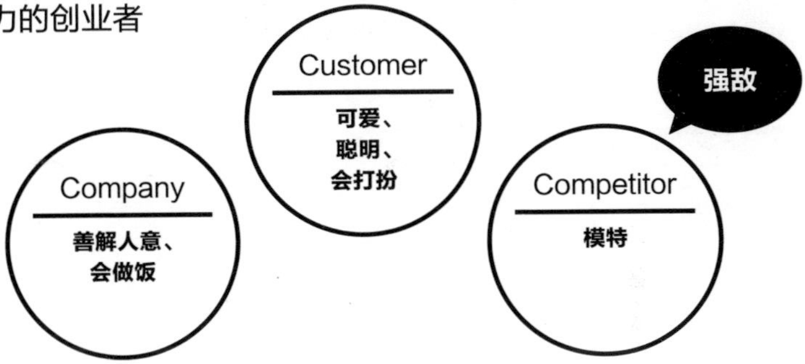

IT从业人员

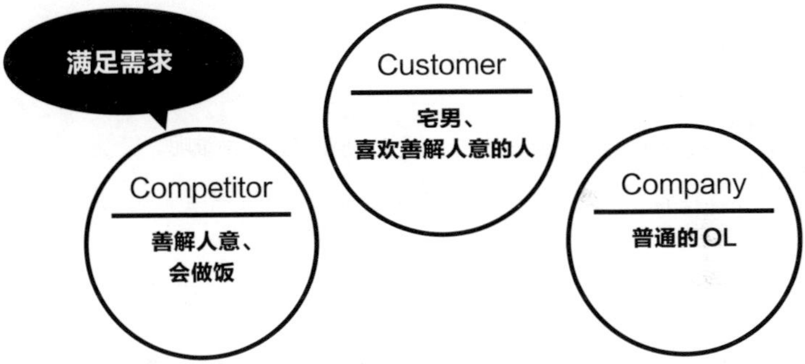

	不会做饭	会做饭
善解人意	B	自己
不善解人意		A

STEP 3

搜集与演讲

本章中的知识点

○调查的方法
○引出事实的提问力
○金字塔图表
○演讲的技巧
○拉拢人的方法

“亚洲观光客喜欢购买的”！
“高价格、高价值”……
“充满日本风情和艺术性的日式点心”！
穗希！
有必要专门去向观光客咨询吗？
当然了！问卷调查的内容是不可靠的，小岳你应该知道吧？

所以接下来……就要用这个来“调查”！
拿出
问卷调查表
我学过两个调查的技巧，
一个是“必须看原文”！
还有一个就是……
停住
“必须亲自前往现场进行确认”！
必须要亲自去寻找那些能够帮助解决问题的“现场的声音”。
热热
闹闹

欢迎来到我们的小镇！
!?
请问你们是中国人吗？要买土特产吗？
中、中、中、中国话？
可以帮我填写一份问卷调查表吗？
穗希你会说中国话啊？
好惊讶
日语之外我说的最好的是英语。
把点心拿过来
请问您喜欢哪一种点心？

非常感谢
做调查就像警察蹲点侦查一样，
不能在收集到的情报里添加任何自己的判断，
关键在于将一切都原原本本地记录下来，
问卷调查表
女性
男性
中国旅游团
40岁~
喜欢樱饼
花朵形状的日式点心大受好评
馅料→豆沙馅
抹茶味
喜欢
不喜欢
Caffe
收集了好多啊！
啪嗒

拿到问卷调查表和数据并不意味着万事大吉，
面对如此庞大的情报……
我们需要将其分为"事实"和"意见"
数据
事实
意见
(人)20
15
10
5
女
男
其他
40岁
30岁
20岁
中国人
观光客数据
没有什么比"事实"更有说服力了。
他人的"意见"完全可以作为参考，
将情报分成"事实"和"意见"，分析后的结果就可以应用在商品中。

这样就能够找到“创造”新点心的“生产热门商品”这一解决办法。
有一种叫做“空雨伞”的思考方法。
拿起
“空雨伞？”
是的，
倒满
事实=阴天
以“事实”为基础，
解释=要下雨
对状况进行判断和解释，
行动=带雨伞出门
然后根据解释采取“行动”，

空
事实
天空乌云密布
外国观光客增加
雨
解释
似乎要下雨
外国观光客购买很多伴手礼
伞
行动
带雨伞出门
销售面向外国观光客的伴手礼
在最合适的时机拿出最好的解决办法，
但是，不能完全被数据和他人的意见左右，关键在于也要有自己的意见。
！
如果你提出的意见和建议足够“性感”的话，就能把很多人都拉拢过来。
什么意思？！
性感？！
就是“能够吸引人”的意思，
如果你能够提出足够吸引人的内容，那么工人们肯定愿意干啊。
吹气
原来如此……

因为具有高价值的点心是工人们生产的，
所以必须以你分析验证的结果为基础做成资料，然后通过演讲来说服大家。
特别是店里的老员工梶田，必须要说服他才行……
沉默寡言
为人严厉
有点不好办啊
必须要靠演讲来说服别人吗？
是的。
不但要有感情还要有逻辑，因为要想说服别人，这两点是缺一不可的，
也就是“热情和逻辑”。
热情……

现在你有了这些数据，只要把我之前教给你的那些知识点灵活利用起来就没问题的。
首先自己做一下试试看吧。
……
会议室
根据问卷调查得到的结果……
花在伴手礼上的金额
一万日元以上……72%
·大量购入相同的伴手礼
·会购买价格很高的商品
亚洲观光客会花很多钱……
购买伴手礼时重视的内容
具有日本风格的美感 60%
对日本的印象
对整体的印象
·有魅力……81%
对食物的印象
·好吃……75%
购买具有日本魅力的伴手礼，
日元以上……72%
对日本的印象
对整体的印象
·有魅力……81%
对食物的印象
·好吃……75%
还有，
翻页

作为在他们自己的国家绝对买不到也绝对吃不到的土特产，这样的甜品的价值很高……
充满日式美感和让绝大多数亚洲人都无法抗拒的美味，
只要能够生产出同时具备这些特征的点心，
……
那么……怎么做？
！

你想要对外国观光客来说具有更高价值的伴手礼，
想让工人们生产出具有更高价值的点心……
啪嗒
这岂不是将问题都扔给我们了吗？
清古堂
!
站起
你把具体的做法告诉我们吧。
清古堂

现在的商品卖不出去……你想说都是因为工人们的缘故吗？
……！
清古堂
关，
拉开门

停住
刚才的演讲既没有热情也缺乏逻辑。
我并不是那个意思，我是想尊重工人们的意见。
……“So What?”
!

……怎么做？
工人们不是问你了吗？
（怎么做？）“So What?”
（为什么？）“So WhY?”
So What?
怎么做?
So Why?
为什么?
只要不断地重复这两个问题，就能够找出具体的解决办法，直到让自己和他人都能够接受为止。

如果你想要尊重工人，
那就把创意简单易懂地
告诉他们，
伸手
必须用热情打动他们。
清古堂的问题，必须上下
一心才能解决，
要让清古堂的所有员工
都产生出当事人意识，
这不是“我”的问题……
而是“我们”的问题。
握紧
“我们”的问题……

穗希……
你为什么……这么关心
清古堂？
！
……
微风吹拂
清古堂……
是我的"救命恩人"。
!?

当我家经营不善的时候，
广濑杂货店
清古堂
是清古堂给了我们家鼓励和帮助
清古堂的点心拯救了我的心灵，
当把我们家的店铺重整旗鼓并且将我养育成人之后，我的父亲这样说道：
“如果没有清古堂的话……我或许会自杀”。
!

所以，我绝对不会让这个小镇的“宝贝”……就这样消失。
毫无保留……
全力以赴！
目标甲子园！
毫无保留全力以赴！
只要坚持下去——
最后也会成为首发球员不是吗？
叮当
开始！
叮当
是！

伸出
你要将演讲中最想传达的"核心"内容……在30秒之内说完。
!?
不要做"自己想要"的资料，而是做"能够让对方理解"的资料。
30秒……
争取在搭乘电梯的短时间内，
让对方能够理解你想要传达的内容。
你想要传达的内容，也就是"核心"究竟是什么，
请好好地思考一下吧。

……请看这个！
我利用"金字塔图表"的框架，
将提案的根据简单易懂地整理到一起，
提案
根据① 关于市场
根据② 关于竞争对手
根据③ 关于本公司
事实
事实
事实
事实
事实
我的"提案"是面向外国人观光客提供具有日本风情的新商品。
パッ
对象 ▶ 外国人
内容 ▶ 提供能够感受到日本风情的商品
第二个根据是，我们即将生产的新商品没有竞争对手。
外国人观光客喜欢的具有高价值的日式点心……这是一个非常准确的市场定位。
西式 ← 伴手礼点心的类型 → 日式
高 ↑ 工人的技术 ↓ 低
我之所以这样说，共有三个根据。第一个就是市场是成长的。
下列这些内容都是事实。
具有日本风情的新品牌
根据① 市场是成长的
事实A 亚洲观光客增加
事实B 外国人观光客大量购买具有日本风情的伴手礼

最后是关于我们公司。
清古堂的强项在于工人们的优秀技术，
优势
根据③
清古堂
“工人的技术很优秀”
我们的竞争对手没有这样的实力，
因此我们能够生产出吸引外国观光客的漂亮日式点心。
我相信清古堂拥有这种实力。
以下是我的具体提案……
虽然都是些不太成熟的想法，
创意案①
花朵点心
花瓣分为许多层
利用颜色的渐变营造出立体感
容器选择陶器风格
日本风格的花纹
但我想抛砖引玉……
大家一起来集思广益。

用我们所有人的力量，
让清古堂
提案
礼点心的类型
高
工人的技术
低
和清古堂的点心……重振辉煌！
……
清古堂
アイデア案①
花モチーフ

站起
这确实是了不起的创意，
但你根本不知道……生产新的点心有多么困难。
创意案①
花朵点心
花瓣分为
许多层
②
不过，
我确实感觉到了你对清古堂……以及清古堂点心的热爱。

不如我们来
试一试吧，
制作让清古堂起死
回生的点心。
清古堂
多……
多谢……

走近
好了……
走近
啪
现在不是哭的时候！
哎呀！
啪
接下来就要定胜负了！
我们必须尽快开始"创造"新的点心！
我们也应该提出些创意呢，
没错……我们所有人都应该出一份力。

几天后——
啪
嗒
（山下案）
佐藤案
日本风情
中原富子案
千纸鹤点心
创意案
木曾
带有季节感的设计
结晶
冬
秋
加入应季水果
糖手工
外包装
也要可
漂亮
白砂糖
红色部分
使用本地产草莓
田中
樱花设计
色はグラ
亲赴实地的调查
与充满感情的演讲
清古堂
让清古堂的全员都参与进来，
大家都成了"故事"的主角！

STEP 3-1

重视原文和现场

在麦肯锡，书籍、报纸以及网络上的情报和数据都不能被称为“事实”。因为这些都是二手情报，里面有第三者的意见和观点，所以并不属于事实，只能算是“意见”。正因为如此，我们不能完全相信这些情报，而**应该亲自前往现场获取“一手情报”。**

比如报纸上有一个基于“○○白皮书”发表的文章。那么我们不能只看这个新闻报道，而一定要确认“○○白皮书”的原文。更进一步，我们还可以前往制作了这份白皮书的调查机关，详细地咨询有关数据对象的定义，以及这个定义是如何做出的。

另外，通过在“现场”与顾客的交流，不只可以了解到顾客的需求和想法，还可以通过观察顾客的言行，来了解到更深层次的信息。

这种方法就好像警察蹲点侦查一样，麦肯锡非常重视“事实”，比如“为什么选择这家店”“为什么选择这个菜单”等等，因为这样可以发现那些数据中没有告诉我们的内容。

图3-1 重视原文和现场

STEP 3-2

“不要为了调查而调查”

我在麦肯锡工作的时候，前辈经常告诉我说“不要为了调查而调查”。

这究竟是什么意思呢？简单说，就是要重视问卷调查的质量。那么，什么样的问卷调查表才算是优秀的呢？

问卷调查表也分为好的调查表和坏的调查表。

大概很多人都见过这样的问卷调查表吧？

“你是否喜欢这个设计？”

但是这样的调查表最后很容易得出让人困惑的结果——“明明大家都喜欢这个设计，为什么销量却不好呢？”

这究竟是为什么呢？

让我们回忆一下自己填写问卷调查表时候的经历。对于“是否喜欢”这个问题，我们往往会出于“或许喜欢”“不太讨厌”等原因而在“喜欢”的选项前打勾。

但是因为这种“喜欢”并不等于“喜欢到要买下来”，所以就会出现很多人在问卷调查表中表示“喜欢”，但商品却完全卖不动的情况。

像这样的问卷调查表，根本无法取得任何成果。也就是说，这是一个没有用的坏调查表。

这就是所谓的“为了调查而调查”。

将问卷调查中回答数量最多的内容当作解决办法实行，这样做是行不通的。

问卷调查的真正意义在于找出隐藏在表面之下的真相。

“人们真正想要的东西是什么？”

“能让人掏钱购买的东西是什么？”

通过直接的询问，**让对方说出连他自己都没有意识到的潜在的需求**，这就是问卷调查和现场调研的最重要目的。

倾听现场的声音

上述问卷调查的情况，也同样适用于直接对他人进行询问的时候。

假设你在超市对主妇平时使用什么样的食材进行调查。

如果你问“你想要什么”，那么很可能得到错误的回答。

比如你问：“你想要什么？”

结果对方回答：“想要甜瓜（但是因为太贵买不起）。”

但这并不是你最想知道的答案。

所以在这种情况下你应该这样问：

“平时你都买些什么？”

“平时你都吃些什么？”

这样对方就会思考自己平时的饮食习惯，回答说：“买一些鱼和肉，还有蔬菜。蔬菜的话比如土豆、洋葱，还有一些当季蔬菜。”

或者“经常吃土豆炖肉和秋刀鱼之类的。”

只是改变一下提问的内容，对方的回答就会出现这样巨大的变化。也就是说，使用优秀的提问来进行调查非常重要。

那么，麦肯锡为了听到真实的声音，会采取怎样的办法呢？

亲自前往现场，自己站在售货员的立场上倾听顾客的声音，为了找出真正的需求提出各种各样的问题——我也是坚持贯彻这样的方法。

关键在于利用在现场的调查和提问，准确地找出“真的能卖出去吗？”“应该卖给谁？”“什么才是好的？”“什么是最关键的问题？”之类的内容。

最后让我列举几个优秀提问的例子（图 3–2），仅供大家参考。

图3-2 优秀提问的例子

【寻找原因的提问】

- 为什么做不到?
- 发生了什么事?
- 什么停止了?

【寻找解决办法的提问】

- 应该怎样做才能顺利进行?
- 现在应该做什么才好?

【改变视角的提问】

- 这个问题是从什么时候开始的?
- 如果你是部下（上司），想怎么做?
- 你觉得五年后的你，会给今天的你提供什么样的建议?

【与事实相关的提问】

- 现在发生了什么?
- 你平时都会做些什么?

※请尽可能地思考一些优秀的提问，然后将它们保存在你的头脑里。这样你就可以随时拿出这些优秀的提问，来引出真正的回答。

原原本本地接收情报

进行采访和意见调查时，最重要的一点就是**“原原本本地接受情报”**。绝对不能有“一定是这样的吧”或者“这个情报并不重要”之类的个人判断，而应该仔细地倾听对方的讲述。只有这样做，才能够看到事实真相。一旦你暂时将自己的判断放到一边而完全从一个崭新的视角出发，就能够做到从零开始进行思考。

这种崭新的视角在工作中非常重要。比如你在工作中是否会在第一时间做出“失败了”或者“这份工作我做不了”之类的判断。有时候就算工作失败了，但实际上你获得了宝贵的经验，以后再遇到类似的问题或许就能够成功解决，如果你对一个从没做过的工作直接就做出了“做不了”的判断，那么就会失去一个获得宝贵经验的机会。

不做多余的思考，只将注意力都集中在眼前的工作上。也就是将精力都集中在“现在”和“这里”。

这在工作中是非常重要的。

STEP 3-3

如何分析调查表和他人的意见

区分“意见”与“事实”

在听取别人意见的时候,关键在于要区分出“意见”和“事实”。

你有没有过这样的经历，比如在听别人说话的时候，没有用自己的思考进行总结，当对方说出“我认为是这样”的时候，立刻就完全接受了。

“我认为是这样。”

这只是“意见”。

“我买了○○。”“东京有 23 个区，”这才是事实。

如果想要获得能够作为根据的情报，那就必须**在收集情报的过程中将其分为“意见”和“事实”**，然后找出那些千真万确的事实。

但是当我们在听别人讲话的时候,往往难以分清哪些是“意见”

哪些是“事实”。

在这种情况下，优秀的管理顾问会通过提问来引出隐藏在意见背后的事实。

比如有人提出“上司和部下的交流不顺利”这样的不满，但实际上这并没有经过调查，只是单纯的意见而已。因此优秀的管理顾问会在听到对方的发言之后询问：“为什么你会提出这样的意见？”

具体过程如下。

“为什么会有这样的想法？”

“因为整体的工作流程进展缓慢。”

“为什么进展缓慢？”

“因为管理层的会议太多，所以缺乏与部下沟通的机会。”

通过上述的对话，我们会发现需要解决的问题不是交流不顺利，而是管理层的会议负担过重，所以解决办法应该是减少会议，促进上司与部下之间的交流。

如果不顾上述事实而将“上司和部下的交流不顺利”当成事实，那么或许会导出错误的解决办法，结果无法解决真正的问题。

图3-3 利用“提问”从意见之中引出事实

“上司和部下的交流不顺利” ⇨ **意见**

“为什么会有这样的想法？”

“因为整体的工作流程进展缓慢。”

“为什么进展缓慢？”

“因为管理层的会议太多，所以缺乏与部下沟通的机会。” ⇨ **事实**

“那么，减少会议怎么样？”
⇨ 具体的解决办法

STEP **3-4**

用金字塔图表来说明问题

“金字塔图表”，顾名思义，就是将理论以金字塔的形式堆积起来，使信息明确化的一种图表。

这是一种在演讲时非常有效的工具。

因为金字塔图表中表示的理论非常明确，所以可以在演讲时一边展示这个图表一边向听众传达“问题在这里”“这些是要因”“我们需要这样的解决办法”之类的意见，很有说服力。

让我们以小岳的演讲为例来亲自制作一个金字塔图表吧。

在金字塔图表的最上方，应该放入**最想要传达的“信息”**。在其下方是**支撑信息的“思考”、“根据”以及“方法”**等要素（这些也被称为关键线索）。

以小岳的演讲为例，制作金字塔图表的流程如下。

（1）根据课题主题决定关键信息

课题的主题是“提高清古堂的销量”。

关键信息是“生产面向外国人观光客的点心”。

由此可见，关键信息就是对课题主题的回答。

（2）思考理论框架（比如使用何种分析法等等）

在这一阶段，可以利用 3C 对顾客、自己公司的强项以及市场进行确认，利用定位地图来找出应该进军的市场。

另外，在制作金字塔图表的时候也可以使用这些框架。比如在进行说明时详细地列举出“市场的情况是这样，竞争对手的情况是这样，所以我们公司应该这样做”，那么你最后得出的结论“这样的商品一定很受欢迎”就会非常具有说服力，同时也能够简单地用 MECE 进行整理（本章最后的专栏，介绍的就是利用金字塔图表来进行演讲的思考方法流程，仅供大家参考）。

（3）明确根据（用 Why So？来进行提问，确认根据）

确认“生产面向外国人观光客的伴手礼点心”的根据。

在这里可以利用（2）中使用过的 3C 来进行确认。

根据小岳的金字塔图表（图 3-4），我们可以发现他利用了如下的 3C 框架：

· Customer　　　　海外观光客

· Competitor　　　其他公司的商品

· Company　　　　自己公司的强项

（4）明确思考（重复 So What？确认其意义）

重新审视位于金字塔下方的“So What？”（怎么做？），思考全体的整合性。这时还应该确认分析是否符合 MECE 的方法。

将问题按照上述的方法展开，就可以清楚地发现整体结构，并且让对方能够一目了然。以金字塔图表为基础的“逻辑思考”，不仅能够帮助我们找出真正的问题，还能够帮助我们更好地向他人传达信息。

说明时的注意点

最后我想为大家介绍三个在进行说明和演讲时需要注意的地方。

第一个是尽量在 100 个文字以内简短地归纳出想要说明的重

点。让别人能够一目了然。

第二个是不要将**“多余的说明和解释”**放在想要说明的内容之中。

当我们感到不安的时候常常会做出多余的说明和解释，但这样会导致对方难以理解你想要表达的内容。将真正想要传达的信息简短地表述出来，这才是最重要的。关键在于不要让对方的思维产生混乱，让你想要传达的内容如同水晶一般清澈透明。

最后一个是不要用抽象的表现形式而应该选择**“具体的”表现方法**。比如你说“我有一个崭新的想法”，但是对方并不知道你这个想法究竟崭新在什么地方。所以你必须具体地展现出你的想法，才能够得到对方的共鸣。

图3-4 清古堂的金字塔图表

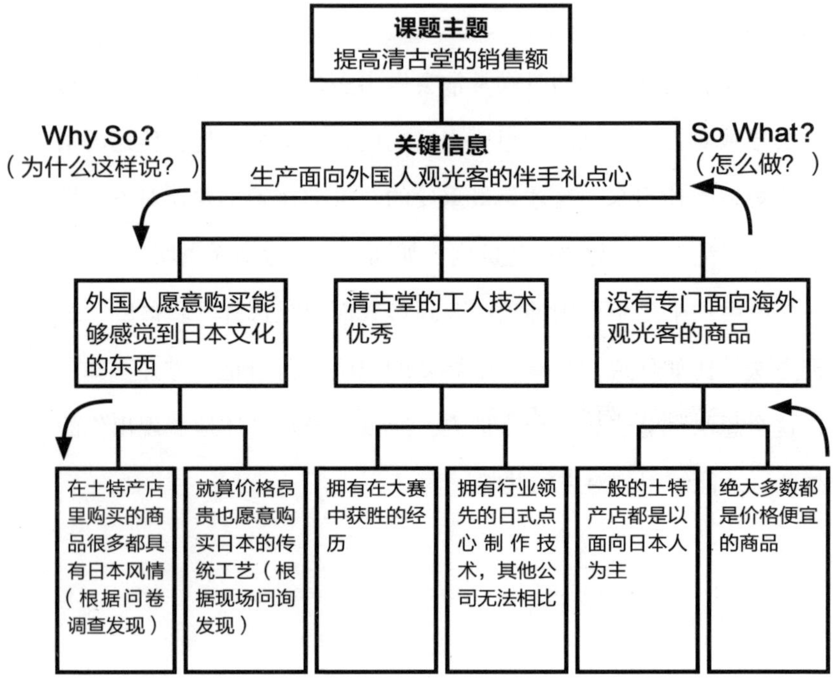

STEP 3-5

麦肯锡流的演讲技巧

让自己的演讲拥有说服力的三个方法

要想提高自己发言的说服力，关键在于确认以下三点：

· 理论有没有遗漏

· 是否对理论有深入挖掘

· 理论是否正确

关于第一点“理论有没有遗漏”，我已经在前文中 MECE 的部分说明过了。如果理论有遗漏，那么在大家一起讨论时，很有可能被人问道：“这样的话怎么办？这种情况你岂不是完全没有想到吗？”

至于对理论的深入挖掘，可以通过重复“So What？”来加深思考。

最后一点“理论是否正确”。

就是通过对自己提问“Why So？”来检查“So What？”中思考的内容是否正确。如果“Why So？”能够说得通，那么就说明这个理论是正确的。也就是说，“So What？”和“Why So？”之间能够形成一种循环。

最后，还要对整体再确认一遍“是否能够形成循环”“究竟会变成什么样子”。确认理论是否产生了飞跃性的变化。

经过上述的过程，我们就可以发现理论中存在的可疑之处，以及这种理论是否真的行之有效，或者这个结论究竟是不是大家想要的。

像这种需要把握整体情况的时候，金字塔图表是非常有效的。

图3-5 提高说服力的方法

为了提高自己的说服力，需要确认以下三点：

· 理论有没有遗漏
· 是否对理论有深入挖掘
· 理论是否正确

将核心内容放在 30 秒内

如果掌握了“真正的问题”和“真正的解决办法”，那么就一定能够在“30 秒”内传达完毕（反过来说，如果不能够在“30 秒”内传达完毕，那么说明你对这个问题并不确信）。

所以演讲时也应该将“核心内容”在 30 秒之内说完。

我们的目标包括以下两点：

· 一句话

· 包括“问题点 + 解决办法 + 实行办法”

以小岳的情况为例：

“销量不佳的原因是无法开发新产品（问题点），所以应该利用清古堂工人们的优秀技术（实行办法），以外国人观光客为目标开发高价格的新商品（解决办法）。”

演讲时最重要的内容是“共鸣与共享”。

你是否想在演讲时与对方产生共鸣和共享？如果答案是肯定的，那么你打算如何引发对方的共鸣，又想要与对方共享什么？

“只说自己想说的内容”，并不能称为演讲。反过来说，在思考“我应该说什么，应该怎么说”之前，我们更应该思考的是**“我究竟想与大家共享什么”**。

STEP 3-6

重复“So What？”

当你遇到问题的时候，对于这个问题究竟深入挖掘了多少呢？

在麦肯锡，经常使用“So What？”（然后呢？）这个词，对这个词的理解程度，直接关系到你解决问题的能力。

丰田在解决问题的时候也有一种重复“为什么”的方法。

比如商品 A 的销量出现下滑的情况。

我们首先想到的一般都是“提高商品 A 的销量”这种解决办法，但实际上这个方法大家应该都试过而且行不通。

那么我们可以提问“什么地方的销量下降了”。

然后就会发现“乡村地区的销量大幅下降”。

那么“需要在乡村地区加大销售力度”就是比较接近的解决办法。

但是要想找到具体的解决办法，我们还需要更加深入的思考。

“为什么乡村地区的销量大幅下降？”（So What？）

“因为乡村地区的销售效率不高。”

“为什么销售效率不高？”（So What？）

“因为营业员没有主动销售商品 A。”

“为什么营业员不主动销售商品 A。”（So What？）

“因为商品 A 的价格体系对营业员来说太缺乏激励性。”

分析到这一步我们终于能够找到具体的解决办法。

也就是“提高对营业员的激励性”。

这也是最关键的解决办法。

通过不断地深入挖掘，就可以找到真正的解决办法。

如果将这个用逻辑树展开，就相当于把一条轴一直深入地挖掘下去。与此同时还需要使用 MECE 实现不重复不遗漏，来增加广度。解决问题时，深度和广度是缺一不可的。

所以像“商品只差一点点就没问题了”“输给了竞争对手必须做点什么才行”“既然竞争对手这样做了，那么我们也这样做”之类的思考方法，就算拿出很多钱，或者实行新的方案，也不可能取得效果。

利用深入挖掘，我们可以尽早找到关键信息。接下来就需要用到 MECE 的框架（3C 和 4P），用逻辑树将问题可视化，这样就可以用更广阔的视野看问题。

像这样既有深度又有广度地思考是非常重要的。

要想用更广阔的视野从整体上把握问题，逻辑树是最好的工具。

不要用“我”，而是用“我们”将大家都拉拢进来

“这件事对我非常重要。”

“这件事对我们非常重要。”

比较上面两句话，你觉得哪一个更能够引起共鸣？

第二句对吧？当听到“我们”这个词的时候，人们往往会产生出“自己也是相关人员”的感觉，产生出自己是主角的当事者意识。

然而就算我们心里很清楚这一点，但在实际进行演讲或提案的时候，却会不自觉地使用第一种说法。

特别是开会的时候，会议的目的不是为了通过个人的意见，而是为了找出对大家来说最好的选择。所以**就算最初只是你个人的意见，但也应该以此为契机，最终和全体的利益或者目标结合**

起来才行。

与其说“我认为最重要的……”

不如说“对我们来说最重要的……”

后者更容易获得共鸣。

最后，**就是用“希望大家能够齐心协力取得成果”来激发全员的参与意识**。注意自己的语言艺术也是很重要的。

岳用“金字塔图表”为演讲做准备

明天的演讲我没什么信心啊。究竟应该说些什么才好呢，我一点也不知道。

这时候就应该用金字塔图表了。

金字塔图表?

最上面写这次的课题，然后在下面写最想说的内容（关键信息），再下面写这个信息为什么是正确的理由等等。同时别忘了MECE。

原来如此，这次的课题是“提高清古堂的销量”。关键信息是“生产面向外国观光客的伴手礼点心”。

没错，下面是“关键信息”的理由。可以用3C进行分解，使内容一目了然。

首先是顾客。外国观光客不断增加，具有日本风情的伴手礼商品销量很好。然后是市场。虽然伴手礼商品很多，但主要以外国观光客为目标的商品却几乎没有。最后是我们的强项，那就是工人的技术非常优秀。

对对对。然后将“伴手礼商品有市场”的理由都写在下面，这样可以让大家都看到你深入挖掘的根据是正确的。

明白了。

只要做到了这些，剩下的事情就很简单了。你只需要从上往下顺序阐述就可以了。“我要说的是这件事（关键信息）。”“理由有三，这个、这个、还有这个。”“这些是根据。”

太棒了！这样我要说的内容就都整理出来了。接下来只要不紧张就行了。

大家都会支持你的，加油啊！

金字塔图表

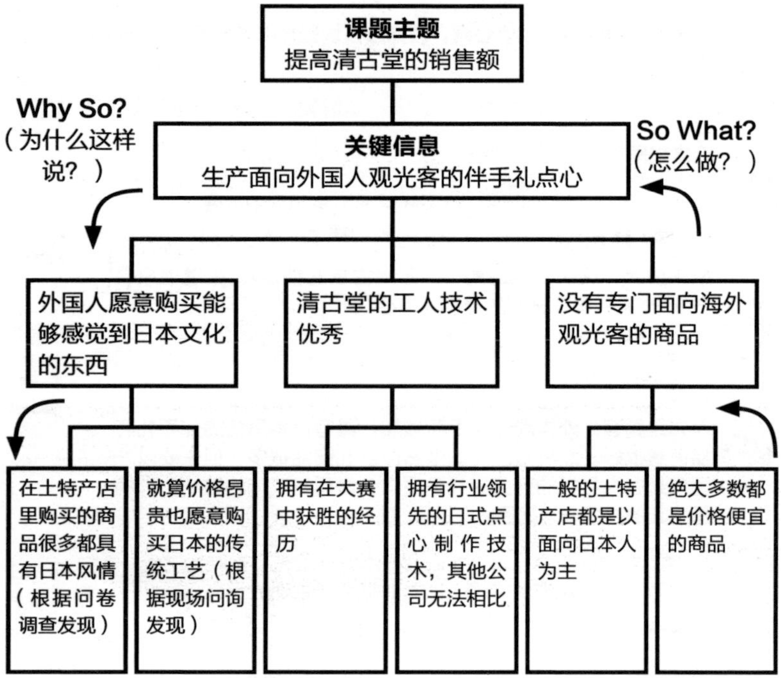

课题主题
提高清古堂的销售额
Why So?
（为什么这样说？）
关键信息
生产面向外国人观光客的伴手礼点心
So What?
（怎么做？）
外国人愿意购买能够感觉到日本文化的东西
清古堂的工人技术优秀
没有专门面向海外观光客的商品
在土特产店里购买的商品很多都具有日本风情（根据问卷调查发现）
就算价格昂贵也愿意购买日本的传统工艺（根据现场问询发现）
拥有在大赛中获胜的经历
拥有行业领先的日式点心制作技术，其他公司无法相比
一般的土特产店都是以面向日本人为主
绝大多数都是价格便宜的商品

STEP4

实行＆改善

本章中的知识点

○“从零开始思考”和“宅力”

○“空·雨·伞”的框架

○PMA（Positive Mental Attitude）

喔喔——
这是点心……
真不愧是清古堂……
简直是引以为傲的日本工艺品……不，艺术品！
好漂亮！
清古堂

四个一套吗？
嗯，用来表现日本的四季，
灵活利用了季节和工人们的特性。
虽然要花费不少时间和精力，但相应地点心也非常精美，
即便所有工人全力以赴一天也只能生产500个……
只有500个？！
不过，这就足够了吧？
是的。
清古堂

这样价值也会提高，就算数量不高也没关系……
外包装也应该达到“艺术品”的高度，进一步提高附加价值。
这样的商品一个能卖到几万日元……
一个几万日元！
因为有这样的“价值”，有价值的伴手礼就算价格高一些……
那些认同其价值的观光客仍然会很开心地买下来。

清古堂
提高商品价值
还能提高清古堂的"品牌力"，
如果这款点心卖得好，还能拉动其他点心的销量。
对啊！
我们也要更努力地制作点心才行。
是的！清古堂的点心本来就非常美味……
清古堂馒头
说起口味……这个也毫不逊色哦。
！
清古堂

不只是看起来漂亮而已，
选用的全部是当地最好的食材，
只有技艺精湛的工人才能够做得出来。
这是凝聚了这个小镇以及清古堂所有人的智慧和热情的点心。
我希望你能第一个尝尝。
……

切开……
!

穗希……
好想让……
父亲也尝尝啊。
……
寿司吉
不好意思在大家面前丢人了。

我父亲去年去世了……
……请节哀！
因为曾经被清古堂救过一命，所以……
就算是为了这个小镇……我们也必须解决清古堂的问题。
原来是这样！
那么，为了养精蓄锐，
首先吃点寿司补充能量吧！
这种现做的寿司感觉吃起来更加美味呢！
还可以亲眼看见工人师傅制作的过程。
对了！
微笑
真好吃！

新商品已经顺利开发完毕，接下来就是销售了。
话虽这么说……但高价的商品确实“不好卖”。
必须用“从零开始思考”和“宅力”来找出有效的销售方法……
咀嚼
“从零开始思考？”“宅力？”
“从零开始思考”顾名思义就是要抛弃已有的思考，尝试全新的思考。
“宅力”指的是“坚持努力决不放弃的思想”。
宅力！

必须比我更努力地思考，
小岳来试试看吧……毕竟清古堂
是你们的公司。
穗希……
……
穗希的情绪好像有些低落，
让人担心。

但我现在必须集中精力……
把这些凝聚了大家心血的点心卖出去！
擦拭
擦拭
OH!
这真的是点心吗？
是的，这些都是技艺精湛的工人们一个一个亲手制作出来的。
味道也非常好，
还使用了很多当地的草莓果汁。
果汁……
没有直接放草莓的吗？

直接放草莓的话保质期就只有一天了，
那样作为伴手礼的话……
〇エ……原来是作为伴手礼的，
但这么漂亮的点心我也想尝尝呢。
如果可以试吃的话，大家一定更愿意购买，
而且日本的草莓也是非常美味的……

所以我想吃有日本草莓的日本点心……
是啊……如果可以试吃的话，
最好是能够给大家留下深刻印象的……
啊
？
对了！

点心制作室
哎？！
要在柜台上销售点心？！
是的！
就像寿司店那样，我们也要设置那样的柜台，
让顾客可以面对面地吃到工人当场生产出来的点心。
顾客看到工人们优秀的技术，一定也会感觉到点心的美味，
这样还可以增加顾客对技术的感动！
清古堂
空 事实 很多顾客希望试吃
雨 解释 通过当场试吃可以扩大顾客群体
伞 行动 在店里设置可以品尝点心的柜台
这里可以活用之前学到的“空·雨·伞”。

可是这样工人们会不会无法集中精力……
！
如果不能集中精力的话，只要立即停止这种做法就可以了。
我说的没错吧，社长？
是啊，
确实，点心在被制作出来之后立即品尝是最美味的，而且还可以使用新鲜草莓，
如果只面向外国观光客生产商品，我们也同样会受到限制。
梶田……

那就立即进行改装吧，这是很有必要的投资。
让我们通过发扬日本文化，来让清古堂重获新生！
是！
SEIKODO
三个月后——
热热
闹闹
TRAVEL MAP

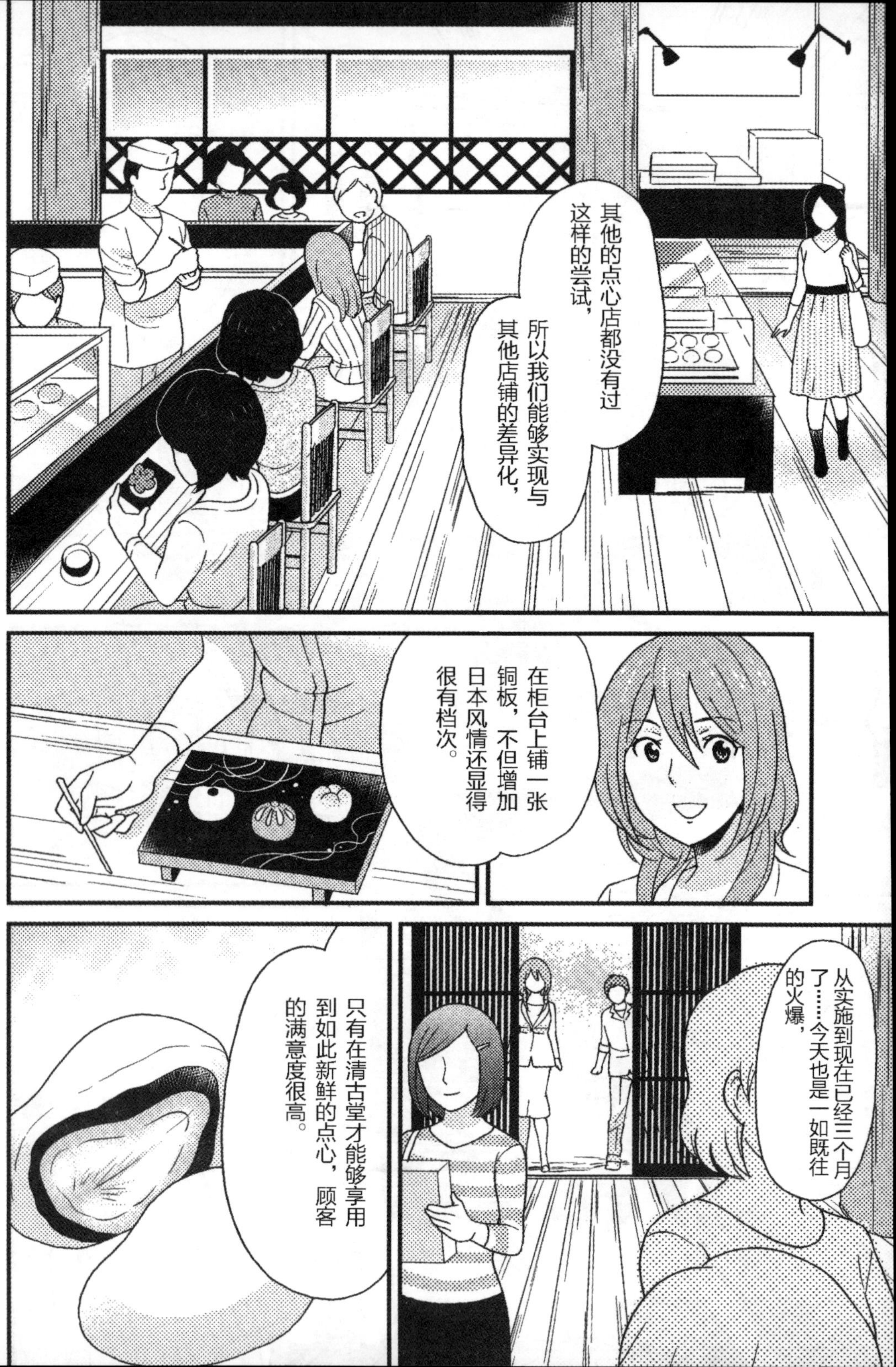
其他的点心店都没有过这样的尝试，所以我们能够实现与其他店铺的差异化，
在柜台上铺一张铜板，不但增加日本风情还显得很有档次。
从实施到现在已经三个月了……今天也是一如既往的火爆，
只有在清古堂才能够享用到如此新鲜的点心，顾客的满意度很高。

能够品尝到如此新鲜的日式点心，绝大多数顾客都非常喜欢这种高级的日式点心。
而且平均每位顾客都购买两个以上的伴手礼。
清古堂
因为清古堂的品牌力大幅提高，因此带动了其他点心的销量，
不管是现实中还是网络上，大家都对清古堂赞誉有加，
不只亚洲，就连巴黎和纽约都发来了开店的请求。
现在，清古堂的问题算是解决了吧？
是的……

清古堂已经没问题了……
接下来就交给你了，商品开发君。
呼
?!
其实……我很早之前就接到了海外的一份工作邀请，
我大概……要有几年的时间都无法回日本了。
?!

STEP 4-1

成功的人所拥有的“从零开始思考”和“宅力”

在漫画故事中，我们看到小岳利用“从零开始思考”的方法，让顾客可以直接吃到工人现场制作的日式点心，开创了崭新的业态。而“从零开始思考”也是如今最重要的思考方法之一。

“从零开始思考”顾名思义就是要抛弃已有的思考，尝试全新的思考。

虽然说起来很简单，但实际做起来是非常难的。我们每个人都很容易被过去的经验束缚。

在你的身边一定也有这样的人吧：“上次这样做成功了，这次还沿用之前的办法吧。”一旦过去取得过成功，我们往往会选择不断重复同样的方法。

但是，之前的成功经验是否能够一直沿用却值得怀疑。况且，世间的形势每一刻都在不断地发生着变化，如果不能够时刻保持“从零开始思考”，那么恐怕很难及时且准确地解决眼前发生的问题。

接下来我将为大家介绍几个“从零开始思考”的具体事例。

大家知道昭和初期的咖啡店是如何盈利的吗?

昭和初期的咖啡店，主要靠店主冲泡咖啡的方法盈利，当顾客喜欢店主冲泡的咖啡口味，就会成为常客，这样咖啡店自然就有了收入来源。店里播放着古典音乐，环境优雅，还有杂志和报纸可以随意取阅，顾客可以在店里坐上三十分钟或者一个小时甚至更长的时间，享受咖啡与美食。所以对咖啡店来说，首先地点一定要好，咖啡的价格也比较昂贵，在 500 到 1000 日元左右。这就是当时咖啡店的常态。

直到 Doutor 出现。

因为其咖啡价格非常便宜，一杯只要 150 日元（当时），所以那些“早晨起来想喝一杯咖啡”的人可以很轻松地买上一杯。而且，Doutor 的店铺还都在车站前等好地段。

如果认为只有提供优秀咖啡豆和优雅环境的“昭和咖啡店”才能够取得成功，那么绝对不可能想到 Doutor 的经营模式。只有从现有的条条框框中跳脱出来，坚持“从零开始思考”，才能够想到 Doutor 这样的经营模式。

Doutor 的创业者希望创造出任何人都能够冲泡出来的美味咖啡，于是开发了一种一杯只要 150 日元的咖啡机。这样咖啡店就可以不再依赖于店主的冲泡手艺。而且，因为 Doutor 的店铺采用了像速食荞麦店一样的桌椅，所以顾客也不会在店里坐很久。**同时店铺还提供外带服务，进一步扩大了利润空间。**通过提高顾客回够率和销售渠道，Doutor 的店铺即便开在一流的地点也同样可以维持低廉的价格。

用“反命题”把握未来的趋势

虽然 Doutor 的时代持续了一段时间，但世间终将出现“反命题”。星巴克和Komeda就这样出现了。而且逐渐发展成现在的主流。

那么，接下来将会是什么产品的时代呢？坚持从零开始思考非常关键。在许多新东西都会迅速老化陈腐的时代，我们必须摆脱“想当然”的经验主义，认真思考“顾客究竟想要什么”“真正能够吸引顾客的东西是什么”“要想生产出这种商品需要做什么”。

在竞争愈发激烈的时代，要想追求与他人不同的“创意”，就必须“从零开始思考”。在麦肯锡，如果你在会议上说“我也这样认为”，那是绝对行不通的，你必须有自己的立场，或者为了提高自己的演讲能力，也需要利用从零开始思考，积极地寻找具有创新性的提案。

利用“横向展开”来进行思考

小岳提出的“日式点心柜台”，实在是一个很有趣的想法（这是鹤屋吉信实际采用的办法）。

将寿司店的柜台拿到日式点心店里来，不但充满了日式风情，还可以将工人师傅们制作日式点心的过程向顾客们展示出来。这非常具有创新性。

像这样将其他领域的内容“横向展开”的思考方法，就可以跳脱出原有的延长线，而产生出崭新的创意。

坚持到底不放弃的“宅力”

或许大家认为麦肯锡的员工在工作中都非常冷静而且有逻辑性，但实际上麦肯锡也有很多“宅力”十足，勤勤恳恳的人。所谓“宅力”，就是坚持到底决不放弃的匠人精神。

一项优秀的工作，开场就要引人注目，随后的整个过程都要依靠逻辑性来加以掌控。然而要想将“引人注目”和逻辑性完美地结合起来，却非常困难。在找到引人注目的点之前，必须经过大量缜密而且细致的调查，不断地进行分析，决不放弃地思考，使出浑身解数。

而要想做到这一点，**最重要的就是“决不放弃地进行思考”**。

你必须不断地问自己“目的是什么”“真正的问题是什么”。只有在准确地掌握问题之后，才能找到行之有效的解决办法。

只有不断地重复“为什么”，以坚持到底决不放弃的决心和耐心进行思考，才能够发现优秀的创意。

STEP 4-2

用“空 · 雨 · 伞”来思考

有时候好不容易进行了分析，并且找到了解决办法，但是在实行的时候却遇到了问题，这样的情况也很常见。根据我的经验，在实行阶段碰壁的情况是最多的，但如果在这个时候停止的话则会前功尽弃。

我们必须冷静地思考究竟遇到了什么问题。

在漫画故事中，小岳利用“空 · 雨 · 伞”的框架进行了思考。

“空·雨·伞”的框架不只能够应用在碰壁的情况下。在麦肯锡，这种思考方法被应用在许多方面。

“空”“雨”“伞”分别具有以下的意义：

· 空　现在处于怎样的情况（事实）

· 雨　这一现状具有什么意义（解释）

· 伞　根据这个解释应该采取什么行动（行动 · 解决办法）

比如，

天空乌云密布（事实），

看样子似乎要下雨，但是不想被淋湿（解释），

所以应该带雨伞出门（行动・解决办法）。

让我们以汽车销售为例进行思考。

・**空**　自己公司的市场份额减少

・**雨**　对这一事实进行分析后发现，自己公司的客户更换了其他公司开发的环保汽车。看样子消费者对环境保护的意识提高了。

・**伞**　应该开发环保汽车，并且邀请现有的客户前来试驾。

这就是空・雨・伞的思考方法。

图4-1“空 · 雨 · 伞”的框架

空（事实）	【天空乌云密布】	自己公司的市场份额减少
雨（解释）	【似乎要下雨】	对这一事实进行分析后发现，自己公司的客户更换了其他公司开发的环保汽车
伞（行动）	【应该带雨伞出门】	开发环保汽车，并且邀请现有的客户前来试驾

STEP 4-3

麦肯锡重视的“Positive Mental Attitude”

最后我将为大家介绍麦肯锡非常重视的PMA。

所谓PMA其实是“Positive Mental Attitude”的缩写。

一开始，清古堂的员工们并没有认识到公司的危机，自己也没有采取积极的行动。对于接下来应该怎么做，完全被动地交给别人。

但是，这样的工作态度是无法取得成功的。

而“Positive Mental Attitude”是一种**积极的心态**。

不管面对怎样的状况，都应该时刻牢记自己应该做什么，自己能够做什么，并且积极地采取行动。

能够保持这种态度的人，在任何场合都能够发挥自己的能力。

在漫画中，虽然小岳一开始也不知道应该怎么做才好，但却有“想要拯救清古堂”这一强烈的心情。所以他从一开始就有“为了拯救清古堂应该做什么？能够做什么？”的积极态度。

然后，他在穗希的帮助下身先士卒进行新商品开发，并且成功地说服了工人们，并且提出了崭新的创意。

这些都是只有具备“积极的态度”才能够实现的。

所以最初我们需要的不是方法，而是“积极的态度”。

阅读本书的诸位，一定都有想要实现的愿望吧？

就算你还没有找到具体的方法，但只要能够做到“PMA”，那么道路必将为你敞开。

除此之外，大家还可以利用在本书中学到的麦肯锡流解决问题的方法。只要灵活运用这些方法，大家一定能够实现自己的愿望。

还有一点，在感到疲惫的时候“PMA”的力量也会变弱，所以请大家一定要注意休息哦！

转换心情的“解忧笔记”

在进行思考的时候，清楚的头脑和畅快的心情是必不可少的。

但是，任何人都不可能永远保持这种理想的状态。

因为一点小小的失败而烦恼，因为“说那样的话真的没问题吗”“交给○○去做的那件事能顺利吗”之类的事情而犹豫，都会让人难以集中精神。

当感到焦躁不安的时候，使用能够转换心情的“解忧笔记”是最好的办法。

在笔记的左边，可以随意地写下让自己感到烦恼的事情。担心的事情、在意的事情、感到烦躁不安的事情，写什么都可以。

这时就算写草书也无所谓。请尽情地将自己的烦恼和焦躁，用发泄的方法都写出来。

写完之后，先将笔记本合上，转换一下心情。可以外出散步，或者喝一杯咖啡。强烈推荐绿意盎然的公园或者河边。这样就可以整理自己的心情。

觉得心情有所好转之后，再次打开“解忧笔记”。

这次换一种颜色的笔（随便任何一个自己喜欢的颜色都可以），针对之前写出来的“担心的事”“烦躁的事”，做出客观的建议。

这样一来，你会不可思议地发现“根本没必要那样担心”，焦躁的心情也会一扫而光。

当你被什么事情烦扰的时候，推荐尝试一下这个方法。

解优笔记

烦恼发泄区		自我建议区
项目不顺利	→	最后一定会顺利的，没问题!
为什么没有进展!	→	重新思考一个方法?
无法接受A的意见，认为那样做无法取得期待中的成果	→	询问A究竟想要怎么做。毕竟大家都想取得成功

Epilogue

走向世界

嗖
嗖
咔拉拉……
不要那么伤感嘛，
这就是我的工作啊。

好了好了……
你这是要哭了吗?
抽泣
抽泣
抽泣
抽泣
抽泣
因……因为……
表情好夸张.
抽泣
你不是说过……"要为这个小镇出一份力"吗?
小岳……
想让这里成为"充满爱的小镇"……
这个小镇已经没问题了……
因为清古堂已经让小镇重获生机,
当然这一切都多亏了你的热情和逻辑。

其实我对于是否要接受这份工作也很困惑，
因为又要去海外生活。但看到小岳努力的模样，
我发现在这个世界上还有很多我能做的事情！
而且！你也一样，现在的分别根本不算什么……反正我们还会在大海的另一边重逢的。
?!
你已经在认真地思考海外开店的邀请了对吧？

只要我们都努力工作，一定会在大海的另一边重逢的。
！穗希……
清古堂和大家都要走向世界，
只要我们不断成长，一定会遇到更大的问题！
到时候让我们再一起解决问题吧！
好！

那么，海外见！
几天后
海外战略会议
清古堂也很快就会赶上的。
穗希……请等着我们吧！

即学即用！实践框架笔记

本书之中介绍了几个具有代表性的框架。

在本书的最后，我将为大家总结本书中介绍的这些框架，大家可以将空白框架复印下来随时使用。

如果大家能够掌握这些框架，那么将是我最大的荣幸。

解决问题的逻辑树（WHY TREE）

用途：解决问题，制作检查列表

逻辑树经常被用来解决问题，但同时也可以用来明确条件和全面不遗漏地列举需要确认的问题点。

比如在STEP1的专栏中，社长想要购买一辆休闲车，就可以使用逻辑树将需要确认的问题点都列举出来。

在解决问题的时候，可以利用“为什么？”进行深入挖掘，在制作检查列表时，可以将需要确认的问题点不遗漏地全都列举出来，进行分析。

●解决问题的逻辑树例子

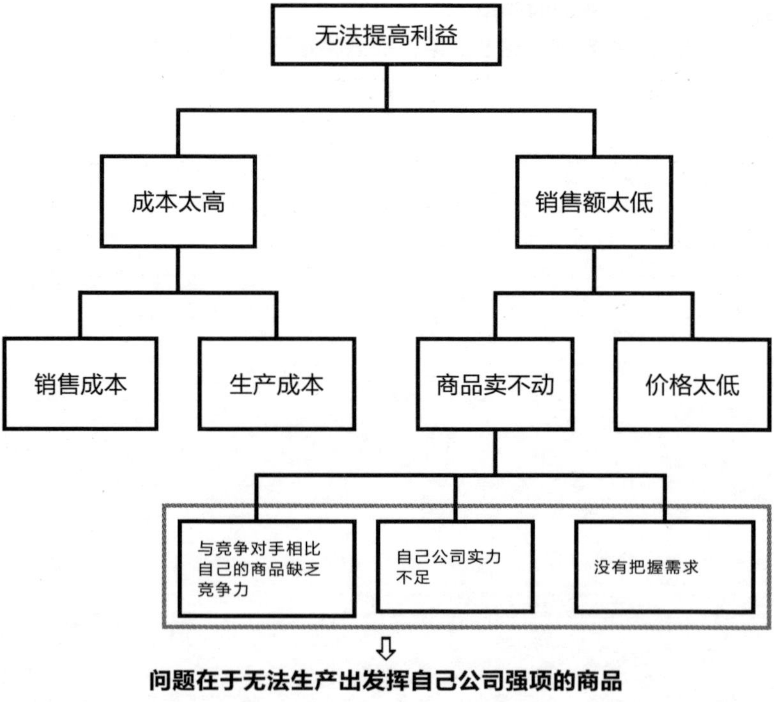

●【逻辑树】

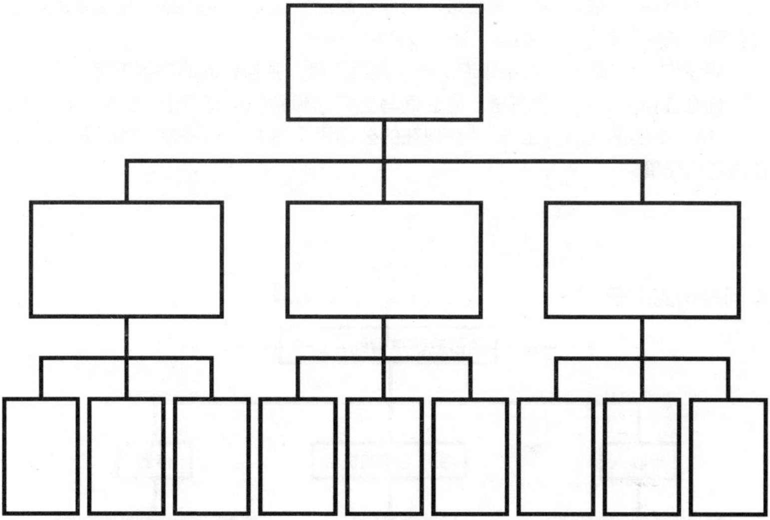

Point
· 填写项目时必须“不重复不遗漏”，MECE感很重要
· 根据事实进行分解
· 重要度低的部分，不需要过于深入的挖掘

问题树（HOW TREE）

用途：确认假设是否正确，
确认选择是否正确

问题树与逻辑树很相似，一般在确认“这个问题是否正确”的时候使用。

在漫画中，问题树被用来验证“制作新商品”这个假设，但在商业活动之外，或者对“选择”有困惑的时候，都可以使用问题树。

假设你“想跳槽”，但不知道这样做是否正确，并且因此而感到困扰。

那么你就可以在“想跳槽”的后面写上自己想到的所有理由，比如“提高收入”“希望能够前往海外工作”“在现在的公司里没有发展”等等，然后分析这些理由是否正确。

●问题树的例子

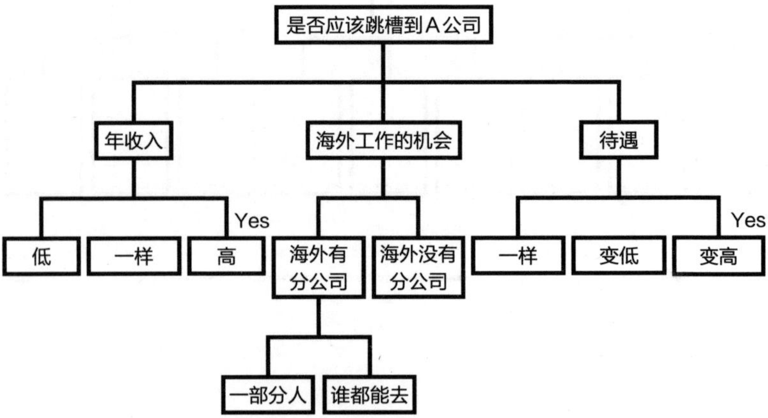

?
需要调查什么样的人才能去海外工作

像这样进行分析后，就可以在面临选择时对思考进行整理。

●【问题树】

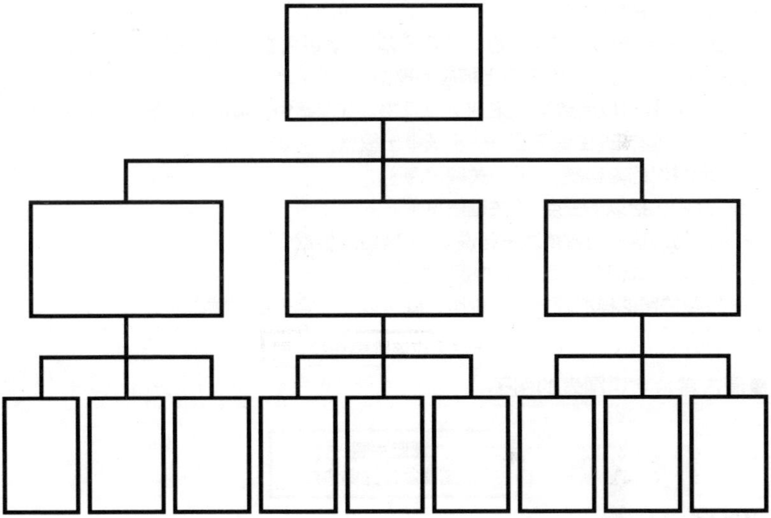

Point
· 项目必须“不重复不遗漏”
· 对于不确定的地方要详细调查

金字塔图表（传达树）

用途：思考问题时，想要通过演讲传达自己的意见时，对想要表达的内容进行总结时

小岳在演讲时使用的金字塔图表，不仅能够应用在思考问题时，还可以应用在进行说明和提案时。

比如在会议时，首先确定“课题主题”（演讲内容）和“关键信息”（想要传达的信息），然后在下面填写上相应的理由。

这个时候可以利用MECE来列举理由。在漫画中，演讲时的理由总共有三点。

然后在这些理由的下面进一步列举出根据。

“我想说的内容是○○”（关键信息）

“理由包括以下三点”（关键信息下方的理由）

“我将对这些内容依次进行说明”（理由的根据）

“所以，我们需要○○（关键信息）”

只要按照这样的顺序进行说明，就可以让内容一目了然。

●清古堂金字塔图表的例子

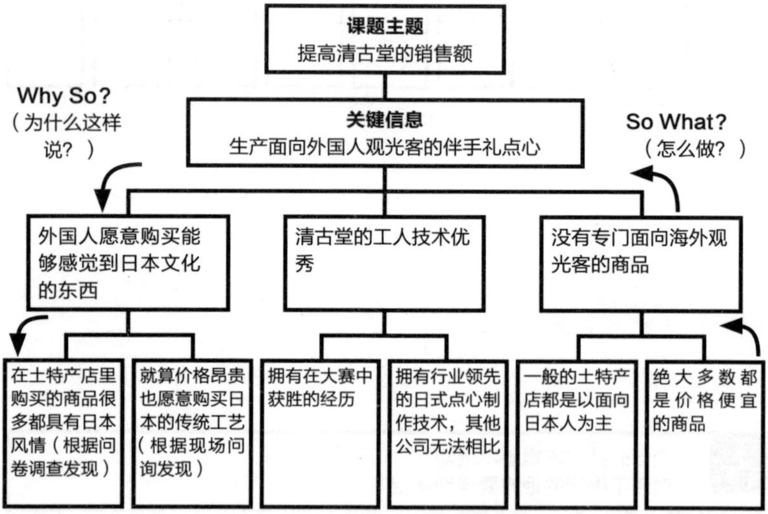

●【金字塔图表】

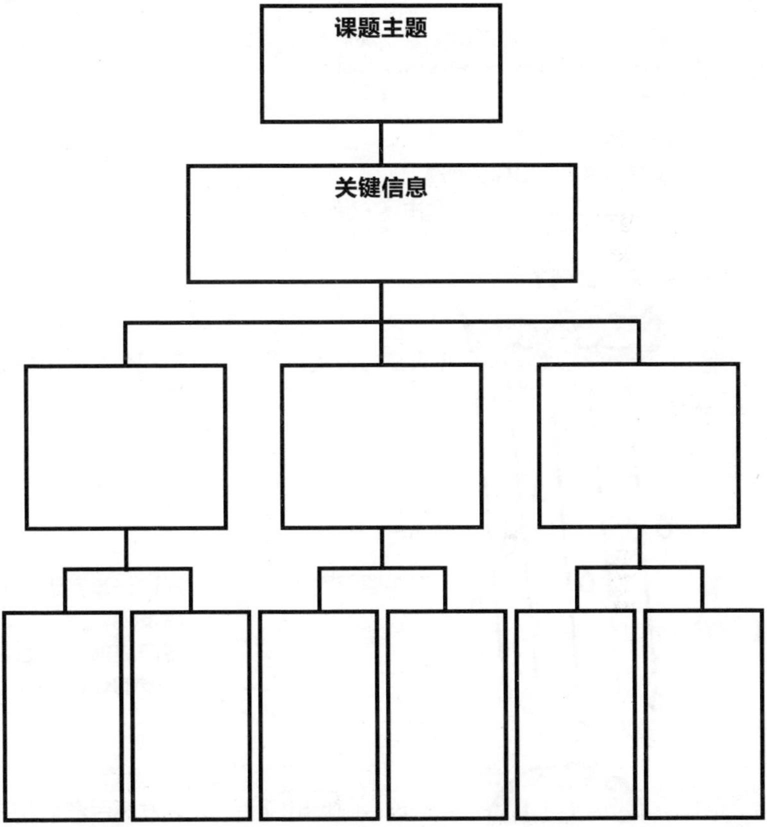

Point
· 不要在“关键信息”中加入多余的说明
· 不要抽象要具体地传达信息

【空 · 雨 · 伞】

用途：分析状况，判断应该采取的行动

这是麦肯锡非常著名的框架。当出现情况时，把握现状，进行分析，判断应该采取什么行动的时候，经常使用这个框架。

· 业绩下降了。

· 商品的销量下降了。

· 与交易对象之间出现了问题

当遇到上述问题时，都可以使用这个框架。

●“空· 雨· 伞” 的例子

空（事实）	【天空乌云密布】	自己公司的市场份额减少
雨（解释）	【似乎要下雨】	对这一事实进行分析后发现，自己公司的客户更换了其他公司开发的环保汽车
伞（行动）	【应该带雨伞出门】	开发环保汽车，并且邀请现有的客户前来试驾

●【空· 雨· 伞】

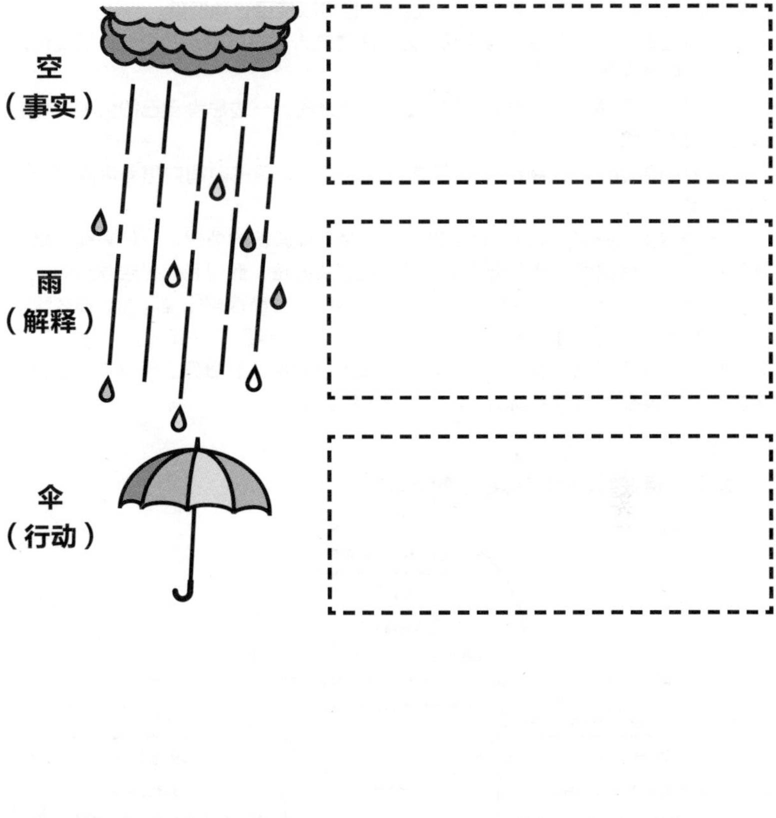

! Point · 不要将事实与解释混为一谈

3C

用途：思考应该采取何种战略时，
思考“自己公司”所在的位置时

主要在思考战略时使用的框架。对市场、顾客和自己公司分别进行分析，然后制定战略。除了日常工作之外，在跳槽时也可以使用这种框架。

在跳槽时，需要对自己的状况和公司所需的人才进行客观的分析。因此使用这种框架非常有效。

我们可以利用3C，一边对情报进行分类整理，一边思考自己的强项，然后建立“假设”和“问题”。

思考的时间最好控制在10分钟之内。因为在有限的时间内思考可以帮助我们集中精神。

在利用3C进行思考时，有些情报可能会出现偏差的情况，我们必须注意这种情况，因为有偏差的情报无法导出正确的解决办法。假设我们对想要应聘的企业和竞争对手进行调查，发现在该公司的年龄构成中经理层比较薄弱。那么我们就可以发现“应该以自己作为经理的经验为中心表现自己”的战略。

如果准备不够充分的话，很有可能在实际过程中遇到障碍。所以不管在做什么之前都应该拿出10分钟来用3C进行思考和分析。

（例子）

【主题】如何在跳槽时提出自己的强项？

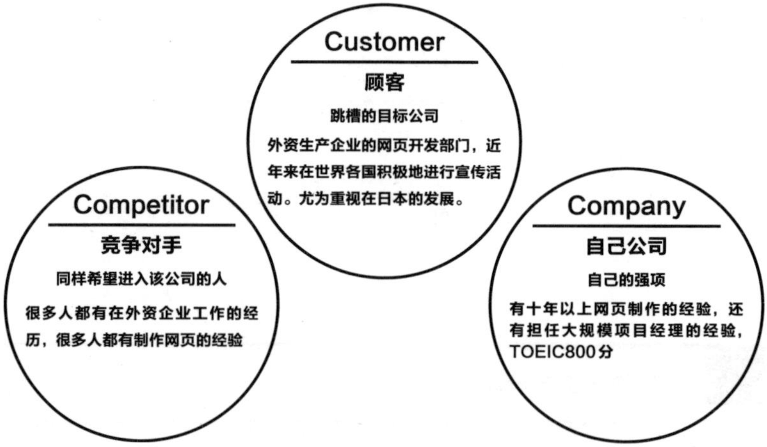

●【3C】

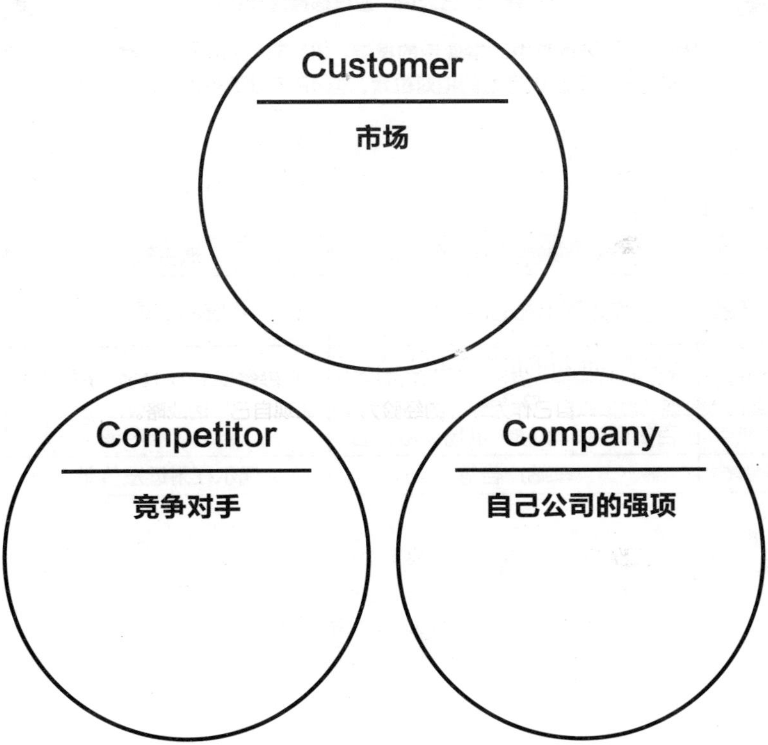

Point

· 不仅要分析自己，还要分析顾客和市场（不能把目光只放在自己身上）

4P

用途：在市场调查中，一边与其他公司进行比较，
一边思考“自己公司”应该选择怎样的位置

4P也是在市场调查中经常使用的框架。3C可以在市场、顾客和自己公司之中，找出自己公司应该身处的相对位置，但4P可以更具体的对商品本身进行对比。

● 4P的例子

	东京香蕉	清古堂
产品	作为伴手礼的西式点心	传统的日式点心
价格	与伴手礼相符的价格（483~2057日元）	零售（150~300日元）
地点	百货商店、车站、机场、服务区	县内3家店铺
PR	车站广告等	偶尔在附近发传单

●【4P】

产品 (Product)		
价格 (Price)		
场所 (Place)		
PR (Promotion)		

! Point · 不仅要分析自己公司，还要认真分析其他公司

定位矩阵

用途：在进行市场调查时，思考“自己公司”应该所处的位置

定位矩阵分为两个轴，可以对现状进行整理，对思考进行总结，提出新的创意。

但是，定位矩阵还经常被应用在“决定工作的优先顺序”上。

比如，你有很多工作要做，但却不知道应该从何做起，那么你就可以用“紧急/不紧急”“重要/不重要”的两轴区分矩阵，对工作进行整理。

“今天必须提交的企划书”属于紧急且重要，“制作下周会议要用到的资料”属于不紧急但重要。

经过区分后的工作按照以下的顺序依次处理

①“紧急且重要”

②“不紧急但重要”

③“紧急但不重要”

至于④“不紧急且不重要”的工作可以考虑直接放弃。

●定位矩阵的例子

	不紧急	紧急
重要	给下周的会议制作资料 思考下一年度的目标	必须今天提交的企划书
不重要		出席月末的学习会

●【定位矩阵】

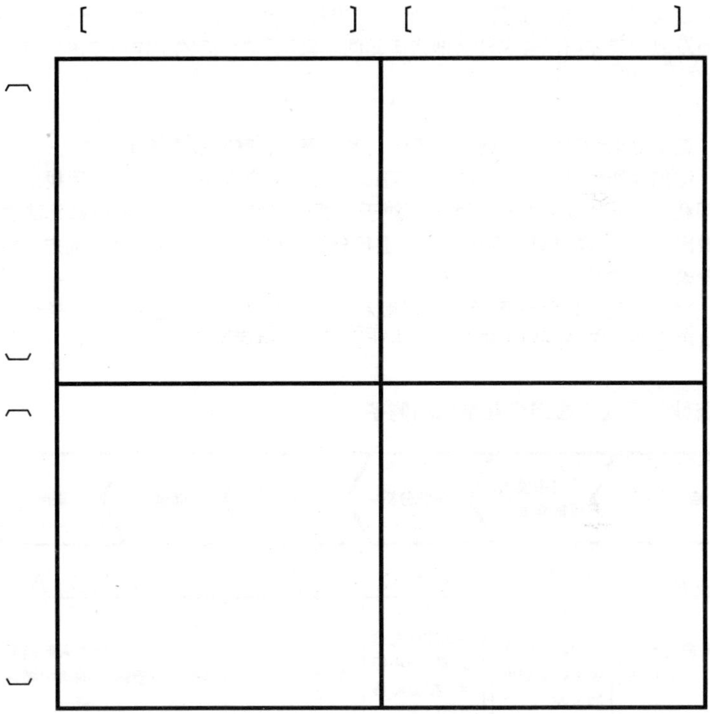

Point

· 优秀的二轴更容易引导出优秀的创意

商业系统

用途：希望改善自己公司的做法时

按照目的、工作流程和要素，对整个工作的运转过程进行分析的框架。

经常被用来改善业务，与其他公司进行比较，确认什么地方出现了问题，从而发现“现在自己公司什么地方运转的不顺利”“今后的工作应该进行怎样的改变”。

这个框架还可以应用在日常工作、考试复习、就职跳槽等情况中。

比如就职活动不顺利的时候，可以将一系列的流程画出来。然后找出其中不顺利的部分，就会发现“面试时对于‘请说出你的优点’这一问题无法很好地做出回答”。通过对一系列的流程进行分析，可以找出需要改善的地方，然后思考改善方法即可。

另外，还可以用就职活动非常顺利的朋友的流程与自己的流程进行对比，可以更好地发现自己的不足之处。

●在就职活动中应用商业系统的例子

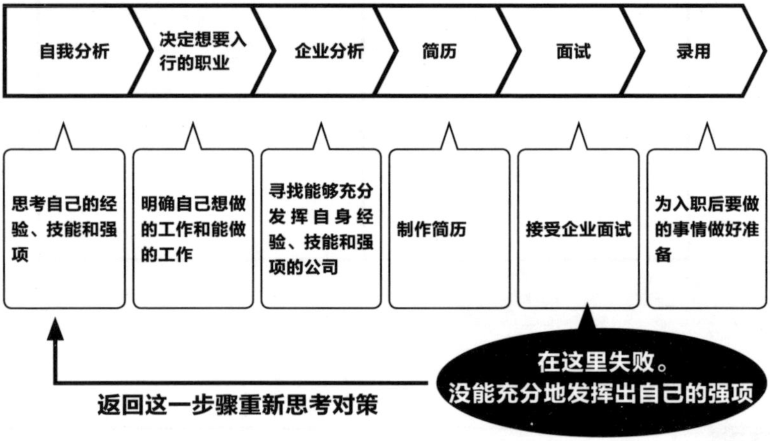

●【商业系统】

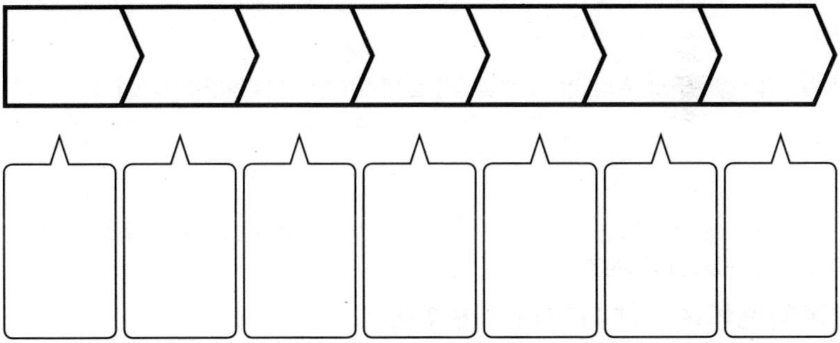

Point · 对这一系列的流程进行分析时也不要忘记MECE

图书在版编目（CIP）数据

麦肯锡问题解决方法与技巧：图文版 /（日）大岛祥誉著；朱悦玮译 . — 北京：北京时代华文书局，2017.2（2023.5重印）
ISBN 978-7-5699-1273-9

Ⅰ . ①麦…　Ⅱ . ①大… ②朱…　Ⅲ . ①企业管理　Ⅳ . ① F272

中国版本图书馆 CIP 数据核字 (2016) 第 312726 号

北京市版权局著作权合同登记号　图字：01-2016-4171

麦肯锡问题解决方法与技巧·图文版

MAIKENXI WENTI JIEJUE FANGFA YU JIQIAO · TU WEN BAN

著　　者 | ［日］大岛祥誉
译　　者 | 朱悦玮

出 版 人 | 陈　涛
选题策划 | 胡俊生
责任编辑 | 樊艳清　张超峰
装帧设计 | 程　慧　迟　稳
责任印制 | 刘　银

出版发行 | 北京时代华文书局 http://www.bjsdsj.com.cn
北京市东城区安定门外大街 136 号皇城国际大厦 A 座 8 层
邮编：100011　电话：010 - 64263661　64261528
印　　刷 | 三河市兴博印务有限公司　0316-5166530
（如发现印装质量问题，请与印刷厂联系调换）
开　　本 | 880 mm × 1230 mm　1/32　　印　　张 | 7　　字　　数 | 90 千字
版　　次 | 2017 年 3 月第 1 版　　印　　次 | 2023 年 5 月第 11 次印刷
书　　号 | ISBN 978-7-5699-1273-9
定　　价 | 38. 00 元